Juan José Barreda y Nicolás Panotto

EDITORES

CUANDO DOMINA LA INJUSTICIA

Abordajes bíblicos, teológicos y pastorales al problema de la corrupción

Cuando domina la injusticia
Abordajes bíblicos, teológicos y pastorales al problema de la corrupción
Juan José Barreda Toscano y *Nicolás Panotto* (editores)

© 2018 Centro de Investigaciones y Publicaciones (CENIP) – Ediciones Puma
© 2018 Fraternidad Teológica Latinoamericana (FTL) Secretaría de Publicaciones

Hecho el Depósito Legal en la Biblioteca Nacional del Perú N° 2018-13173
ISBN N° 978-612-4252-26-6

Primera edición: setiembre 2018
Categoría: Teología contemporánea

Editado por:
© 2018 Centro de Investigaciones y Publicaciones (CENIP) – Ediciones Puma
Apartado postal: 11-168, Lima - Perú
Av. 28 de Julio 314, Dpto. "G", Jesús María, Lima - Perú
Telf.:   (511) 423–2772
E-mail: Administración: puma@cenip.org
               Perú: pedidos@edicionespuma.org
               Internacional: ventas@edicionespuma.org
Web: www.edicionespuma.org
Ediciones Puma es un programa del Centro de Investigaciones y Publicaciones (CENIP)

Diseño de carátula: Eliezer Castillo
Diagramación: Hansel James Huaynate Ventocilla

Contenido

Autores

Ruth Esther Alvarado Yparraguirre (Perú)

Licenciada en Derecho por la Universidad Nacional Mayor de San Marcos, Perú. Maestría en Biblia por la Universidad Bíblica Latinoamericana, Costa Rica. Activista social. Socia fundadora de la Asociación Paz y Esperanza. En la actualidad se desempeña como directora de proyectos en la Oficina Internacional de Paz y Esperanza con sede en Lima, y colabora como docente en el Instituto de la misma organización y en el de otras organizaciones.

Vilma "Nina" Balmaceda (Perú)

Licenciada en Derecho por la Pontificia Universidad Católica del Perú (PUCP). Máster en Estudios Internacionales de Paz y Máster en Gobierno y Estudios Internacionales por la Notre Dame du Lac University, Estados Unidos. Philosophy doctor en Ciencias Políticas por la misma Universidad. Es profesora de Ciencia Política y directora del Center for Scholarship and Global Engagement en Nyack College en New York.

Lindy "Luis" Scott (Estados Unidos)

Bachiller en Artes de la Ohio University, Estados Unidos. Máster en Divinidades por la Trinity Evangelical Divinity School. Philosophy doctor por la Northwestern University. Es profesor de Estudios Latinoamericanos en la Whitworth University, Washington, Estados Unidos. Autor de varios libros y editor del Journal of Latin American Theology.

H. Fernando Bullón (Perú)

Philosophy doctor en Development Studies del Manchester University, Reino Unido y doctor en Estudios Latinoamericanos por la Universidad Nacional de Costa Rica. Actualmente es director regional de América Latina de AIPESC/IAPCHE. Autor y coautor de varios libros en su campo de especialización.

David Mesquiati (Brasil)

Doctor en Teología, con estudios de postdoctorado en Teología en la Faculdades EST y en la Pontifícia Universidade Católica do Rio de Janeiro. Docente del Programa de Postgrado en Ciencias de las Religiones y en Teología en la Faculdade Unida. Es pastor de las Asambleas de Dios en Brasil, presidente de la FTL en Brasil y tesorero del Comité Directivo de la FTL.

Rolando Pérez (Perú)

Licenciado en Ciencias de la Comunicación por la Universidad de Lima, Perú. Magíster en Investigación con Enfoque en Estudios sobre Medios y Religión, por la University of Colorado, Estados Unidos. Actualmente es director del Instituto Paz y Esperanza, Perú, institución con una larga experiencia en mediación e incidencia pública. Profesor asociado de la Pontificia Universidad Católica del Perú (PUCP).

Nicolás Panotto (Argentina)

Licenciado en Teología por el IU ISEDET. Magíster en Antropología Social y Política y doctorando en Ciencias Sociales de la Facultad Latinoamericana de Ciencias Sociales, sede Argentina. Becario del Consejo Nacional de Investigación Científicas y Técnicas (CONICET, Argentina). Director del Grupo de Estudios Multidisciplinarios sobre Religión e Incidencia Pública (GEMRIP). Miembro del Consejo Directivo de la FTL. Autor de varios libros en su especialidad.

Víctor Arroyo (Perú)

Licenciado en Sociología por la Universidad Nacional Mayor de San Marcos (UNMSM), Perú. Estudios de maestría en Ciencias de la Religión en la misma universidad. Exsenador de la República y exmiembro de la Comisión de Gracias Presidenciales. Director ejecutivo del Concilio Nacional Evangélico del Perú (CONEP). Miembro del Consejo Nacional de Derechos Humanos. Presidente del directorio de Ediciones Puma. Miembro de la Iglesia Evangélica Peruana.

Juan José Barreda Toscano (Perú)

Licenciado y máster en Teología por el Seminario Teológico Bautista de Buenos Aires. Licenciado en Tecnologías Educativas por la Universidad Tecnológica Nacional (UTN). Doctor en Teología por el Instituto

Universitario ISEDET, Argentina. Profesor invitado de la Facultad de Teología de la Universidad Católica Argentina y de la Universidad del Centro Educativo Latinoamericano, Argentina. Director de la Comunidad de Estudios Contextuales "Bíblica Virtual" (BV).

Carlos Martínez García (México)

Periodista y sociólogo, es miembro fundador del Centro de Estudios del Protestantismo Mexicano (Cenpromex). Es también miembro del Consejo Editorial de la revista de la FTL en México, *Espacio de diálogo*, una publicación de teología, ciencias sociales, humanidades y artes. Miembro de la Iglesia Menonita Mexicana. Conferencista en los ámbitos "secular" y evangélico, especialmente en temas de libertad religiosa.

Jorge Henrique Barros (Brasil)

Doctor en Misionología por Fuller Theological Seminary, California, Estados Unidos. Es uno de los fundadores de la Faculdade Teológica Sul Americana de Londrina, Brasil, en la que también es profesor. Fue presidente de la Fraternidad Teológica Latinoamericana (Continental). Autor de varios libros de su especialidad.

Introducción

El espectro de la corrupción nuevamente ronda —y con mucha fuerza— entre los complicados laberintos de la sociedad latinoamericana. En realidad, nunca nos dejó. Siempre está presente, aunque a veces se asoma con menos vergüenza que en otras. La historia nos muestra que muta y cobra un poder inusual dependiendo de las coyunturas históricas y contextuales de un país, un gobierno o una estructura económica.

La corrupción es, sobre todas las cosas, un problema ético muy característico de nuestras sociedades capitalistas y neoliberales contemporáneas, donde "todo tiene un precio" y, además, existe el pleno "derecho" (otorgado por los procesos mercantiles y financieros, los cuales muchas veces se mueven con una descarada "autonomía moral") de hacer todo lo que esté al alcance de las manos para beneficio personal. La corrupción representa un conjunto de prácticas y cosmovisiones que nos hemos acostumbrado a ver con total normalidad en el día a día. ¡Casi como algo pintoresco!

El problema adquiere ribetes más visibles cuando el escándalo roza lo público a partir de la figura de algún político de renombre o gobierno de turno. Parece ser que, así como se naturalizan estas prácticas en la cotidianeidad de la ciudadanía, cuando una persona o gobierno llega al poder se siente con la completa libertad de aceptar sobornos, desviar fondos e inflar presupuestos como un engranaje más de la maquinaria burocrática política.

¿Y qué decir de las iglesias? Bueno, ahí el panorama se complica más. No precisamente porque no exista corrupción —¡todo lo contrario!—, sino debido a que somos incapaces de discernir que muchas prácticas institucionales, modos de administración y hasta diversos discursos teológicos la sostienen y la promueven en diversos niveles. Más aún, la carencia de una crítica profunda en nuestros púlpitos y aulas a las prácticas económicas, tanto de las iglesias como de la membresía en general, facilita la naturalización y el arraigamiento de dinámicas de injusticia y una falta de crítica profética frente a estas prácticas, en las que están comprometidos creyentes, líderes y pastores.

De aquí se desprenden muchas preguntas: ¿cómo definimos la corrupción en tanto dimensión ética que abarca todos los aspectos de la vida social?, ¿por qué ciertas prácticas de corrupción, como las que suceden en el ámbito político, tienen mayor visibilidad que otras, como las del empresariado y los organismos financieros, con sus costumbres usureras y su recurrente evasión impositiva?, ¿qué lleva a la naturalización de ciertas dinámicas corruptas?, ¿qué relación hay entre la corrupción y el poder?, ¿por qué es un tema poco abordado en nuestras iglesias?, ¿acaso no existen discursos teológicos y prácticas eclesiales que legitiman dinámicas corruptas en las iglesias y también en la cotidianeidad de los creyentes, tanto en las mujeres como en los varones?

Éstas son algunas de las preguntas que dieron lugar a la Consulta "La corrupción mata. Perspectivas bíblicas, contextuales y éticas", organizada por la Fraternidad Teológica Latinoamericana (FTL) en la ciudad de Lima, Perú, entre el 23 y 25 de junio de 2016. Dicho encuentro tuvo por objetivo reunir a miembros de la FTL de toda América Latina en un espacio de diálogo y reflexión, con un enfoque prioritariamente bíblico-teológico, pero con abordajes interdisciplinarios entre economía y políticas públicas.

Este libro compila sólo algunos de los trabajos presentados en la Consulta. Su estructura intenta dar cuenta de los principales abordajes que la configuraron. En la primera sección, encontramos los trabajos de Fernando Bullón (Perú/Costa Rica) y Carlos Martínez (México), los cuales representan una valiosa introducción, no sólo sobre las definiciones y cuestiones estadísticas, sino también acerca de los procesos contextuales e históricos que dan cuenta del fenómeno de la corrupción en América Latina.

La segunda sección compila tres trabajos bíblico-exegéticos. Ruth Alvarado (Perú) presenta un estudio del libro de Amós, en el que trabaja la crítica profética a la corrupción del poder. Lindy Scott (Estados Unidos) desarrolla un estudio de los evangelios sinópticos y de Hechos de los Apóstoles, donde observa las alusiones a las relaciones políticas entre Jesús, Juan el Bautista y Pablo, y estudia varios aspectos que hoy deberían caracterizar las relaciones entre la iglesia y los líderes políticos. Juan José Barreda (Perú/Argentina) analiza Apocalipsis 18, en lo referido a la convocatoria a salir del sistema romano corrupto desde el lugar de las víctimas. Por último, el texto de Jorge Barros (Brasil) comparte el material de uno de los talleres realizados en la Consulta, y desarrolla el tema de la equidad y las relaciones humanas de justicia.

La tercera parte del libro se centra fundamentalmente en el análisis del fenómeno de la corrupción en el ámbito público y político. El trabajo de Víctor Arroyo (Perú) desarrolla el tema de la corrupción y las políticas públicas, con un cierre en el que sugiere algunas pautas éticas para salir del estado endémico de la corrupción. Los siguientes dos capítulos comparten estudios de caso y análisis de experiencias actuales de resistencia e incidencia pública donde hubo un especial protagonismo de espacios cristianos evangélicos. Se trata de los trabajos de Vilma "Nina" Balmaceda (Perú/Estados Unidos) y Rolando Pérez (Perú). Estos tres estudios visibilizan las iniciativas, muchas veces silenciosas o silenciadas, de organizaciones cristianas que vienen trabajando desde hace años en mediación social, en trabajo de justicia en favor de los sectores más vulnerables de nuestras sociedades.

Por último, se propone una lectura desde la teología pública. Nicolás Panotto (Argentina) aborda las diversas formas de cómo se percibe y define la corrupción a partir de la pluralidad de elementos que entran en juego en los procesos socioculturales. David Mesquiati (Brasil) trata el tema de la corrupción como aquella que también está en la propia iglesia y su forma de comprender su rol sociopolítico.

Como podemos ver, la temática de la corrupción no sólo se trata de un elemento aislado o de una práctica que concierne a unos pocos. Alcanza las fibras más sensibles de las dinámicas económicas, políticas y éticas de nuestros procesos sociales. Ello se debe a que su punto de partida da lugar a visiones particulares sobre las jerarquías sociales, los sentidos de comunidad, la responsabilidad frente a los más desfavorecidos, la dimensión ética del uso de capitales financieros, las dinámicas de poder político, entre muchos otros elementos que podríamos mencionar y que son parte de nuestra cotidianeidad.

En vista de la dimensión ético-cultural de la corrupción, como iglesias y cristianos tenemos una responsabilidad fundamental en la promoción de una ética económica que tenga como punto de partida los valores del reino de Dios, una justicia que exponga la maldad de la opresión y que denuncie proféticamente el pecado de los que detentan el poder. Es una propuesta que "comienza por casa", es decir, que promueve una mayordomía personal, familiar, comunitaria y eclesial, donde la justicia y la igualdad reinen como valores elementales, antes que la acumulación desmedida como supuesta "bendición".

Deseamos que este libro sea un aporte a la reflexión crítica sobre la problemática de la corrupción desde perspectivas y experiencias del pueblo evangélico y otros espacios de servicio a Dios y, ¿por qué no?, también deseamos que sea de motivación para involucrarnos en el actuar salvífico de Dios en nuestras sociedades. Agradecemos a la Fraternidad Teológica Latinoamericana, en particular al Secretario de Publicaciones, Edesio Sánchez Cetina, por la confianza de delegarnos la coordinación de este libro. También queremos reconocer la buena disposición de los once autores para dedicarle tiempo, en un primer momento, a la presentación pública de sus artículos en la Consulta mencionada, para, más tarde, revisarlos en diálogo con las retroalimentaciones recibidas y, finalmente, transcribirlos y compartirlos en este libro.

Juan José Barreda Toscano
Nicolás Panotto
Editores

Parte 1

Panoramas

Capítulo 1

Apuntes sobre la corrupción en América Latina

¿Alternativas desde lo protestante?[1]

H. Fernando Bullón

Aunque las limitaciones y falencias de cualquier postulado teórico y cualquier práctica política se hacen evidentes frente a la complejidad de la realidad humana, preocupa la persistencia de vicios históricos en la gestión del desarrollo latinoamericano, pues han funcionado como impedimento en el logro de los mejores objetivos.[2] Entre estos vicios, adquieren relevancia el deterioro de la ética y el fenómeno de la corrupción en el ejercicio del desarrollo. Efectivamente, esta parece

---

[1] Este ensayo sintetiza aspectos de ponencia escrita y de exposición presentadas en la Consulta Continental de la FTL, junio 2016, Lima, Perú. La ponencia escrita tenía por título: "Cultura política y desarrollo: Gestión pública y exigencias de renovación". Las diapositivas que guiaron la exposición oral se denominó "Corrupción en América Latina: Una visión panorámica", más acotado a la temática que al final se trabajó en la consulta. Debido, en general, a lo no especializado del público lector, se ha priorizado la inclusión de material de información básica y descriptiva sobre el tema. Pero para aquellos que quisieran ahondar algo más sobre otros factores concurrentes en las problemáticas del desarrollo y vinculadas a la gestión pública, pueden recurrir a la ponencia original alojada en http://ftl-al.org/wp-content/uploads/2016/05/ CULTURA-POLI%CC%81TICA-Y-DESARROLLO-Consulta-2016-Lima-Fernando-Bullo%CC%81n.pdf

[2] Los elementos básicos que han caracterizado a la cultura política de la mayor parte del siglo xx y que persisten, incluyen entre otros rasgos saltantes: un autoritarismo persistente por continuas intervenciones militares; un estilo personalista de gobernar asociado al burocratismo; una élite económica dependiente del capital y los mercados externos; la concentración de los recursos en las capitales y otras pocas ciudades *versus* una subcultura aborigen, rural y provinciana extensivamente olvidada; el emblema ideológico del nacionalismo es utilizado para presentar y justificar cualquier gobierno de turno (propiamente, pseudonacionalismo); clientelismo y corrupción, rasgo que se ha ido acentuando y agudizando en los últimos años. Sobre los vicios de la cultura política latinoamericana ver, H. F. Bullón, "Problemáticas relevantes: Economía y política", en *Transformación de América Latina y responsabilidad social*, H. F. Bullón edit., Ediciones Kairós, Buenos Aires, 2009, pp. 198–211.

ser una de las principales cortapisas para el mejoramiento de las condiciones y la calidad de vida en la región. Una cierta mala hierba que parece haber florecido en toda la parcela latinoamericana, y que subyace en la práctica política o de gestión del desarrollo, cualquiera fuere la ideología o teoría en la que se inscribe el grupo en ejercicio del poder político o tecnocrático.

En un interesante artículo de sección editorial de un diario latino-americano, Oscar Álvarez (1996)[3] comenta que la década del 90 ha sido llamada la década de la corrupción. En Brasil, Venezuela, Perú, México, Argentina, Costa Rica, etc., y en países de otros continentes (desarrollados o no), por todas partes estallaban los escándalos políticos relacionados con la corrupción. A estas alturas, la segunda década de la nueva centuria, se hablaría propiamente de "globalización de la corrupción", para estar a tono con el envolvente proceso expansivo de la época.[4] Dice Álvarez que en la esencia de la corrupción política se encuentra el manejo de los bienes públicos como si fueran de propiedad privada, el disponer de la cosa pública como *cosa nostra*. Se desarrolla una visión patrimonial y clientelista del Estado, y se establece una subcultura en la que se comienza a ver todo esto como normal, con impunidad social y legal. Dice, en relación con el tema de la pobreza y del desarrollo:

> La corrupción constituye uno de los obstáculos más severos para el desarrollo y uno de los factores del aumento de la pobreza [...] es enemiga de la equidad. Asimismo, es uno de los elementos que más afectan la credibilidad y la imagen de los políticos y gobernantes, y la legitimidad de los sistemas democráticos.[5]

O, como lo menciona Peter Eigen, el fundador de Transparencia Internacional:

---

[3] Oscar Álvarez, "Democracia, ética y corrupción", *La Nación*, San José, 13 de noviembre de 1996, Sección editorial.

[4] En América Latina han sido emblemáticos los casos de México, con Salinas de Gortari, y de Perú, con Fujimori y Montesinos. Últimamente han sido notables los casos de Brasil (caso Lava Jato) y Guatemala (presidente y vicepresidenta implicados) como los más notables. Consultar al respecto: Alfonso W. Quiroz, *Historia de la corrupción en el Perú*, IEP, Lima, 2013; Stephen Morris, *Political Corruption in Mexico: The Impact of Democratization*, Lynn Rienner Publishers, Boulder, 2009; María Amparo Casar, *México: Anatomía de la Corrupción*, CIDE-IMCO, México D. F., 2005; Marco Aurelio Nogueira, "Corrupción en el senado brasileño: Síntoma de una crisis de larga duración", *Nueva Sociedad* 225 (2010); Edelberto Torres Rivas, "Guatemala: La corrupción como crisis de gobierno", *Nueva Sociedad* 258 (2015).

[5] Oscar Álvarez, *op. cit.*

> La corrupción es un vicio capital de nuestra época que muestra su desagradable rostro en todas partes. Se halla en la raíz misma de casi todos los problemas importantes —o al menos impide su resolución— y actúa de manera especialmente devastadora en las regiones más pobres del mundo donde mantiene atrapados a millones de seres humanos en la miseria, la pobreza, la enfermedad, la explotación y brutales conflictos.[6]

A nivel mundial, se calcula que los sobornos llegan a un billón de dólares anuales, que equivalen a un 5 % del PBI mundial. En Latinoamérica, se estima que los flujos financieros ilícitos totales durante la última década ascienden a un monto similar.[7] Asimismo, un aumento del 10 % en la corrupción incide en una pérdida del 2 % en el crecimiento del PBI. O sea, el PBI sería 2 % mayor si bajara la corrupción en esa proporción.[8] Según cálculos recientes de la Organización Mundial de la Salud, hasta un 25 % del gasto público en medicamentos puede perderse debido al fraude, el soborno y otras prácticas corruptas.[9] Cabría preguntarse, entonces, cuánto de la pobreza de nuestros países latinoamericanos puede asignársele a este tipo de comportamiento, más que a tal o cual sistema político o enfoque teórico, o a una inadecuada o mala aplicación de principios micro- o macroeconómicos.

Frente a todo esto, no es que no se esté haciendo algo. Los mismos gobiernos tienen sus propios sistemas contralores, y a nivel internacional se han gestado esfuerzos reguladores de envergadura;[10] pero, a pesar de

---

[6] Peter Eigen, *Las Redes de la Corrupción. La sociedad civil contra los abusos del poder,* Ediciones Planeta, Buenos Aires, 2004, p. 15.

[7] UNODC, "No hay desarrollo si no se combate la corrupción", *Boletín Informativo Digital,* Lima, 9/12/13. Disponible en: https://www.unodc.org/peruandecuador/es/noticias/2013/diciembre/no-hay-desarrollo-si-no-se-combate-la-corrupcion.html

[8] Paulo Cantillo, "La corrupción se come el 2 % del PBI, revela análisis de observatorio económico", *Diario Excelsior,* México, 26/02/15 (versión digital). Disponible en http://www.excelsior.com.mx/nacional/2015/02/26/1010460

[9] UNODC, "La corrupción y el desarrollo", 2014. Material informativo digitalizado. Disponible en http://www.anticorruptionday.org/documents/actagainstcorruption/print/materials2014/corr14_fs_DEVELOPMENT_ES_PRINT.pdf

[10] Existen diversas convenciones internacionales, entre las más relevantes están las siguientes: ONU-*Convención contra la Corrupción* (2003); OEA-*Convención Interamericana contra la Corrupción* (1996); OECD, *Convention on Combating Bribery of Foreign Public Officials in International Business Transactions* (1997/2009), y de la misma OECD más específicamente para nuestra región, el *Latin America Anti-Corruption Program.* Otros organismos: como el Banco Mundial (BM), el Fondo Monetario Internacional (FMI) y la Organización Mundial del Comercio (OMC), también han desarrollado o promovido regulaciones. En el contexto de la OMC, muy

todo ello, la problemática parece acrecentarse. Desde el ámbito de las organizaciones eclesiales, también se han dado ya pronunciamientos,[11] pero es necesario ahondar en la reflexión sobre el particular pensando en acciones alternativas consistentes y sistémicas.

En este capítulo, la primera parte será de carácter descriptivo e informativo en lo básico, principalmente sobre el fenómeno en cuestión. En la segunda, se reflexionará sobre las posibilidades del protestantismo de contribuir de manera consistente y a largo plazo en la confrontación de la situación.

La corrupción: notas generales de carácter conceptual y metodológico

La problemática de la corrupción ha ido adquiriendo ribetes cada vez más alarmantes y en diversas dimensiones. Actualmente, su estudio se ha convertido en toda una esfera especializada, y por ello existe una bibliografía muy extensa.[12] Por razones de espacio, en esta parte se opta por una redacción algo esquemática para sintetizar la información de las fuentes consultadas.[13]

---

vinculada al mundo empresarial, se dan mayores exigencias. Últimamente, dado el escándalo de los Papeles de Panamá a nivel mundial, el gobierno británico promovió de urgencia la llamada "Cumbre de Londres sobre la Corrupción" (mayo 2016).

[11] Así, en el documento principal emitido en el Congreso Mundial Lausana III, el *Compromiso de Ciudad del Cabo* (octubre 2010), existe una cláusula relacionada con "la verdad y los ámbitos públicos". En éste se señala el imperativo de luchar contra el fenómeno de la corrupción. Recientemente, también a raíz del escándalo de los Papeles de Panamá, la red de organizaciones cristianas, Miqueas, emitió la declaración *Afirmación sobre los Panamá Papers* (mayo 2016).

[12] Para estudios globales sobre América Latina, consultar: J. Zaragoza Aguado, *Narcotráfico, política y corrupción*, Temis, Bogotá, 1997; B. Kliksberg y Amartya Sen, *La Agenda ética pendiente de América Latina*, FCE, Buenos Aires, 2005; G. Wielandt y C. Artigas, *La corrupción y la impunidad en el marco del desarrollo en América Latina y El Caribe: Un enfoque centrado en derechos desde la perspectiva de las Naciones Unidas*, CEPAL, Santiago de Chile, 2007; Reunión Regional sobre Transparencia, Rendición de Cuentas y Lucha Contra la Corrupción en América, *Anticorrupción: Actualizando los desafíos. Informe sobre la segunda reunión de especialistas en transparencia, rendición de cuentas y lucha contra la corrupción en América Latina*, Universidad de Chile, Santiago de Chile, 2009.

[13] En la sección 1.1 se abrevian y fusionan datos de las siguientes fuentes: Rafael Rincón Patiño, comp., *Corrupción y derechos humanos: Estrategias comunes por la transparencia y contra la impunidad*, Medellín, Instituto de Capacitación de la Corporación de Promoción Popular, 2005, pp. 109–110; Ramón Soriano, "La corrupción política: Tipos, causas y remedios", *Anales de la Cátedra Francisco Suárez* 45 (2011), pp. 382–402; José Ma. Rico y Luis Salas, *La corrupción pública en América Latina: Manifestaciones*

Aspectos conceptuales e interpretativos

Definición

La corrupción es toda acción abusiva, éticamente cuestionable, de un funcionario gubernamental o de un miembro de una organización privada, con la que se busca el beneficio individual o de un grupo específico en detrimento del interés público. En la esfera política, consiste en el incumplimiento o desviación de una norma por parte una persona que cumple una función pública, con la finalidad de obtener un beneficio (dinero, influencia, ventajas, posición social u otro) para ella misma o para un colectivo social o institucional.

Como acciones de corrupción se pueden enumerar, entre otras, las siguientes: soborno, malversación y negligente asignación de fondos públicos; fraude, subvaluación o sobrevaluación de precios; concursos amañados sobre obras de infraestructura; parcialidad y tráfico de influencias; abuso de funciones y extorsión; encubrimiento y colusión privada; uso de información privilegiada para enriquecimiento ilícito; alteraciones fraudulentas del mercado, especulación financiera con fondos públicos, lavado de dinero; financiamiento ilícito de actividades partidarias, fraude electoral; paga y soborno a periodistas y medios de comunicación; sentencias parcializadas de los jueces, entre otras.

Interpretaciones/Causas

Las principales interpretaciones sobre las razones de la corrupción se basan en diversas perspectivas: histórico-culturales, políticas, sociológicas, administrativas, económicas y legales. Es necesario señalar que es posible que se tenga algún sesgo ideológico en la conceptualización y, por lo tanto, en lo metodológico o en los procedimientos de evaluación. Se tienen también clasificaciones tipológicas o modalidades, que por cuestiones de espacio ya no se tratan aquí.[14]

---

y mecanismos de control, Centro para la Administración de Justicia, Miami, 1996; Josélio Azevedo de Sousa, *Corrupción pública y su enfrentamiento criminal en Brasil y España: Análisis desde la actuación de la policía judicial*, Universidad de Salamanca, Salamanca, 2014.

[14] En cuanto a tipologías o modalidades, la corrupción puede ser: sistémica, subsistémica o dispersa; política o administrativa; individual o corporativa; pública o privada. Otras tipologías tienen en cuenta los diversos niveles donde se manifiesta el fenómeno (nacional o internacional; gobierno central —o federal—, provincial, regional o municipal). También, y con mayor especificidad, según las funciones ejercidas en

- *Histórico-culturales.* Existencia de una cultura que favorece la corrupción, por lo que lo inesperado sería la ausencia de gobernantes corruptos ("la manera en que fueron criados o se hicieron las cosas"). Por ejemplo, la venta de cargos públicos, nepotismo, favoritismo, sistema patrón-cliente ("tribus judiciales") tiene su origen en los gobiernos coloniales. Así, la larga tradición de corrupción en el servicio contribuye a perpetuar dicha conducta (p. ej., corrupción policial).
- *Políticas.* Los elementos constitutivos de la corrupción se encuentran en el sistema político y constitucional de ciertos países. Dichos elementos están asociados al modelo colonial del Estado centralizado. La centralización o la complejidad de la estructura gubernamental no solamente facilita la corrupción, sino que la hace necesaria (excesiva discrecionalidad, falta de transparencia). A veces el Poder Judicial se ve limitado, por un lado, por la existencia de diversos tipos de presiones y amenazas externas, y, por otro, por la corrupción e impunidad en el mismo aparato judicial.
- *Sociales.* Degradación de los valores en la sociedad (problema moral); ausencia de sensibilidad y responsabilidad ciudadanas; creciente número de ciudadanos fraudulentos que cometen acciones dolosas (cobro ilegal del desempleo y subsidios, falta de pago a la seguridad social, trabajo y dinero "sucio", etc.), También, ciudadanos conformistas e indiferentes a los comportamientos ajenos ilícitos ("allá cada uno con su conducta").
- *Económicas.* Se considera la corrupción como un factor inevitable de los procesos de modernización al darse cambios bruscos en los valores de la sociedad y aparecer nuevas fuentes de bienes y de poder. Se la entiende como un "acelerador" económico que ayuda a la creación de fortunas personales, por lo que se la ve como económicamente "benéfica" para el conjunto social. Los empresarios presionan para modificar las reglas del juego económico, empleando mecanismos corruptos para mantener e incrementar su poder.
- *Administrativas.* Se ve la corrupción como un problema de motivos y oportunidades dentro de las instituciones: las razones para

---

la administración pública por determinadas personas (por ejemplo, miembros del Gobierno o del Parlamento, funcionarios, policías, fiscales o magistrados); o según las actividades llevadas a cabo por dichas personas: contratos, subvenciones, fondos públicos y privados, promulgación y aplicación de leyes y reglamentos, etc.

el actuar doloso serían los bajos salarios y la falta de incentivos de los empleados públicos, y las oportunidades serían el poder discrecional excesivo del que disponen.

Aspectos metodológicos: limitaciones en la medición

En general, el estudio y la medición de la corrupción tiene limitaciones. Existen dificultades para la medición apropiada y la determinación científica de la existencia, la amplitud y la evolución de las prácticas de corrupción. Las valoraciones se basan principalmente en apreciaciones subjetivas debido a la dificultad para obtener datos empíricos confiables. El sesgo ideológico está presente en relación con la doctrina económica manejada. La mayoría de los estudios los desarrollan fundaciones privadas, ONG o universidades.

Hasta el momento no se ha logrado una cobertura total del fenómeno. Existen inconsistencias entre los tipos de índices. Varios de éstos miden, más bien, aspectos posibles de observar directamente, relacionados con el control de la corrupción y la mejor gobernanza.

Indicadores de medición de la corrupción

Se han desarrollado diversos **índices** y con propósitos diversificados. Tenemos, por ejemplo, el *Índice* de Percepción de la Corrupción (IPC), el *Índice* de Fuentes de Soborno, los Indicadores de Gobernabilidad en el *Ámbito* Mundial (IGM), Latinobarómetro, el Proyecto de Justicia Mundial (PJM), el *Índice* Latinoamericano de Transparencia Legislativa. Algunos los han establecido diversas ONG, como el caso de Transparencia Internacional (TI), pero hay organismos intergubernamentales, como el GAFI (Grupo de Acción Financiera Internacional) y la OCDE (Organización para la Cooperación y el Desarrollo Económico), que también han establecido regulaciones y promovido políticas que permitan un mejor control de la corrupción.

Entre los varios indicadores, el más difundido es el Índice de Percepción de la Corrupción (IPC),[15] establecido por Transparencia

---

[15] Algunos consideran algo subjetivo y parcializado este índice, ya que es un juicio principalmente sobre el comportamiento del sector público, pero alimentado en sus datos por expertos y, mayormente, por el sector empresarial. En tal sentido, no es extraño que administraciones de gobiernos de tendencia socialista no sean tan bien calificadas.

Internacional y construido a partir de diversas fuentes.[16] Son muy conocidos sus *rankings* y mapas publicados anualmente. Considerando el IPC para el año 2015/2016 dentro de su lista mundial de 167 países, sobre la base de un máximo puntaje de 100 para el país más pulcro, los tres países latinoamericanos menos corruptos (superando los 50 puntos) son Uruguay, con 74 puntos y posición 21; Chile, con 70 puntos y ubicación 23; y Costa Rica, con 55 puntos y posición 40. El resto de países de la región aparecen con menos de 50 puntos, como sigue: Cuba, 47 puntos, posición 56; El Salvador, 39 puntos, posición 72; Panamá, 39 puntos, posición 72; Brasil, 38 puntos, posición 76; Colombia, 37 puntos, posición 83; Perú, 36 puntos, posición 88; Surinam, 36 puntos, posición 88; México, 35 puntos, posición 95; Bolivia, 34 puntos, posición 99; República Dominicana, 33 puntos, posición 103; Argentina, 32 puntos, posición 107; Ecuador, 32 puntos, posición 107; Honduras, 31 puntos, posición 112; Guayana, 29 puntos, posición 119; Guatemala, 28 puntos, posición 123; Nicaragua, 27 puntos, posición 130; Paraguay, 27 puntos, posición en 130; Haití, 17 puntos posición 158; Venezuela, 17 puntos, posición 158.[17]

Mediciones alternativas: relocalización del fenómeno y sus dimensiones

Partiendo de una concepción alternativa con relación a dónde estaría el mayor foco de la corrupción, se ha desarrollado el *Índice de Secreto Financiero* (ISF)[18], manejado principalmente por el Tax Justice Network[19], el cual se enfoca de manera especial en compañías privadas. Este índice alternativo se basa en distintos análisis de los flujos de capital a paraísos financieros y operaciones financieras de las que informan distintas ONG. En los últimos meses se difundió el

---

16 Fuentes del IPC: Calificaciones de Riesgo País 2014 de la Economist Intelligence Unit; Calificaciones de Riesgo País 2014 de Global Insight; Anuario de Competitividad Mundial 2015 de IMD; Guía Internacional sobre Riesgo País 2014 de Political Risk Services; Encuesta de Opinión Ejecutiva (EOE) 2015 del Foro Económico Mundial; Índice de Estado de Derecho 2015 de World Justice Project; Evaluación Institucional y de las Políticas Nacionales 2014 del Banco Mundial; Indicadores sobre Gobernabilidad Sostenible 2015 de Bertelsmann Foundation; Índice de Transformación 2016 de Bertelsmann Foundation; Naciones en Transición 2015 de Freedom House.

17 Expansión/Datosmacro.com, "Índice de percepción de la corrupción" 2015/2016. Disponible en http://www.datosmacro.com/estado/indice-percepcion-corrupcion

18 Tax Justice Network, "Financial Secrecy Index". Disponible en http://www. financialsecrecyindex.com/

19 Tax Justice Network (página web). Disponible en http://www.taxjustice.net/

sonado caso de los Papeles de Panamá, que connotan las dimensiones sistémicas del problema, incluyendo, en este caso, masivamente a sectores empresariales y privados.

Según la ONU, la evasión fiscal supone una pérdida significativamente mayor de patrimonio que la corrupción en su concepción y práctica tradicional (focalizada en la administración pública). En concreto, se trata de unos 900 billones de dólares, comparado con los 20 o 40 billones que produce la corrupción política o funcionarial (sólo 3 % de la evasión). Asociado a este enfoque, se han realizado trabajos de mediciones de salarios no pagados debido a estas evasiones, y se han señalado los efectos económicos y en el bienestar de la nación[20].

Protestantismo: ¿alternativa para la renovación ética y cultural de América Latina?[21]

La esfera religiosa, descontadas sus propias contradicciones, históricamente ha enfatizado la dimensión ética y la necesidad de la integridad del carácter, así como la coherencia que debe existir entre doctrina y vida o pensamiento y acción. Esta estancia debería tener un rol constructivo en la vida comunitaria. Me inscribo dentro de la reflexión de autores que han escrito con respecto al rol de la religión en la sociedad y sus posibilidades transformativas: Weber, Troeltsch, Merton, Geertz, Gramsci, Houtart, Goulet, Maduro.[22] Considerando

---

[20] A. P. Zeballos, "El Índice de la corrupción en tela de juicio", *United Explanations*, 9/2/2015. Disponible en http://www.unitedexplanations.org/2015/02/09/medir-la-corrupcion-el-indice de percepcion-de-la-corrupcion-de-tl-en-tela-de-juicio-3/

[21] Para este acápite se bebe de reflexiones en trabajo anterior, H. F. Bullón, *El pensamiento social protestante y el debate latinoamericano sobre el desarrollo*, Libros Desafío, Grand Rapids, 2013, pp. 294–297

[22] M. Weber, *Ensayos sobre sociología de la religión*, 3 Vols., Taurus, Madrid, 1984; y *La ética protestante y el espíritu del capitalismo*, Colofón, México D. F., 2001; E. Troeltsch, *Protestantism and Progress: A Historical Study of the Relation of Protestantism to the Modern World*, Beacon Press, Boston, 1958; R. K. Merton "Science, Technology and Society in Seventeenth Century England", *Osiris*, Vol. iv/2, St. Catherine Press, Bruges, 1938, pp. 360–632; C. Geertz, "Religion as a Cultural System", en *Religion and Ideology. A reader*, edits. R. Bocock y K. Thompson, Manchester University Press, Manchester, 1985, pp. 66–75; F. Piñón G., "Antonio Gramsci y el análisis del fenómeno religioso", *Cristianismo y Sociedad* 91 (1987), pp. 63–79; R. Díaz–Salazar, *Gramsci y la construcción del socialismo*, UCA Editores, San Salvador, 1993; F. Houtart, *Mercado y religión*, DEI, San José, 2001; D. Goulet, *Development Ethics: A Guide to Theory and Practice*. Apex Press, New York, 1995; del mismo autor, "El desarrollo humano: La verdadera riqueza y la eficiencia económica real", *Cristianismo y Sociedad* 125–126 (1995), pp. 337–53; O. Maduro, *Religión and Social Conflicts*, Orbis Books, New York, 1982.

más específicamente la realidad latinoamericana, es necesario tener en cuenta las reflexiones desde campos tan variados como la filosofía, la historia o la ciencia social de Mariátegui y Zea[23], al igual que las de O'Donnell y Bastián[24] respecto a los cursos diferenciados entre las dos Américas (la del Norte y la del Sur), quienes han visto cómo patrones culturales muy arraigados en nuestra región han tenido, y siguen teniendo, efectos éticos determinados vinculados a su componente religioso católico, los cuales han significado una cortapisa al desarrollo latinoamericano. Esta reflexión podría representar el aporte protestante para el mejor desarrollo del continente, como ocurrió, según los autores mencionados, en la región del norte.

Cuando se piensa en procesos como el de la Reforma protestante o el Avivamiento en la Inglaterra del siglo XVIII, así como en el impacto social y cultural que ambos sucesos tuvieron en los países en que se dieron[25], no se percibe un efecto de similar magnitud en la sociedad latinoamericana por la presencia y acción del movimiento protestante. Esto es explicable, por un lado, por las diferencias dentro de las coyunturas históricas, no repetibles entre lugares y tiempos. Por otro lado, es necesario reconocer el peso demográfico minoritario del protestantismo a lo largo de la mayor parte de su historia aquí en la región, así como la ausencia de circunstancias políticas especiales como para haber esperado un rol influyente de mayor significación. Vinculado a esto, como argumenta Bastian, el crecimiento e impacto

---

[23] J. C. Mariátegui, *Siete ensayos de interpretación de la realidad peruana*, El Amauta, Lima, 1979; L. Zea, *América en la Historia*, Editorial Revista de Occidente, Madrid, 1970. Ambos, Mariátegui y Zea, arguyen acerca de la diferencia en el desarrollo de la América del Norte bajo el protestantismo, y la del Sur bajo el catolicismo. La primera es moderna, democrática, con una mística diferente frente al trabajo; la segunda es tradicional, antimodernista, autocrática. Estos rasgos con efectos directos en su desarrollo económico, social y cultural.

[24] G. O'Donnell, *Modernización y autoritarismo*, Paidós, Buenos Aires, 1972; del mismo autor, *Tensiones en el estado burocrático-autoritario y la cuestión de la democracia*, Centro de Estudios de Estado y Sociedad, Texas, 1978; y las obras de J. P. Bastian, *Los disidentes. Sociedades protestantes y revolución en México, 1872–1911*, FCE, México D. F., 1989; *Historia del protestantismo en América Latina*, CUPSA, México D. F., 1990; y su "El protestantismo en América Latina", en *Resistencia y esperanza. Historia del pueblo cristiano en América Latina y El Caribe*, edit. E. Dussel, DEI, San José, 1995, pp. 447–486.

[25] De acuerdo con la bibliografía citada sobre Antonio Gramsci, éste llega a reconocer en la Reforma protestante un verdadero proceso de reforma intelectual y moral que benefició, económica, social y culturalmente a la Europa nórdica, a diferencia de la Europa meridional, en donde se encontraba su Italia católica.

limitado del protestantismo en América Latina se debe, en buena medida, al dominio de un estado patrimonial de prevalencia católica, que durante la mayor parte de su existencia y desde su aparición le hizo oposición y le restringió en su libre desarrollo.[26] Por ello, parece ser que, al respecto, hay todavía una batalla que dar de parte del protestantismo por mayores libertades y luchar por condiciones de real igualdad dentro del sistema jurídico político de América Latina. Es todavía necesario abrir espacios de legitimidad y accesibilidad en paridad de condiciones para la mejor difusión de la herencia protestante en su línea constructiva, esto a la luz de evidencias históricas y comparativas de nivel mundial.

Sin embargo, según Bastian, en las últimas décadas —en contraste con lo sucedido anteriormente en la región hasta mediados del siglo xx— la participación de los protestantes en los medios políticos (mayormente de aquellos pertenecientes a los sectores pentecostales y neopentecostales) reflejan rasgos ambiguos, donde los pocos esfuerzos de significación contrastan con una presencia oportunista y no informada, con los típicos vicios achacados a la cultura política latinoamericana, desorientada en cuanto al tipo de proyecto político que los tiempos requieren para la transformación y mejoramiento social de nuestros países.

Para Padilla,[27] según las experiencias no tan positivas que se ven, es necesario para los protestantes reconocer las tentaciones del poder rechazando los vicios típicos criticados a la cultura política latino-americana (dominada o influenciada por el catolicismo), evitando a la vez el desarrollo de una mentalidad constantiniana, es decir, de querer dominar lo político, esta vez desde una perspectiva religiosa protes-tante. Padilla piensa en la necesidad de una formación previa para el adecuado ejercicio de lo político. Frente a lo prematuro de la formación de "partidos evangélicos" y, siguiendo al sociólogo cristiano de origen británico David Martin,[28] cree en la fundamental prioridad del trabajo de base, donde precisamente están situadas las iglesias evangélicas:

---

26 Bastian, *Los disidentes*, pp. 261–263.

27 René Padilla, comp., *De la marginación al compromiso: Los evangélicos y la política en América Latina*, FTL, Buenos Aires, 1991, pp. 5–19.

28 En su obra *Tongues of Fire. The Explosion of Protestantism in Latin America*, Basil Blackwell, Londres, 1990, Martin comenta sobre la contribución del movimiento wesleyano a esa "ampliación de densidades morales" dentro la población, que al final tendría un impacto social en la nación británica.

la construcción y regeneración de "las densidades morales y de la esperanza" entre la población, como cimiento de la real transformación social de nuestras naciones. Sobre esta base, las participaciones políticas podrían justificarse y tener augurio de mejor porvenir.

En esa misma vena, en este debate sobre lo ético y la cultura y sociedad latinoamericanas, se debe tomar en cuenta el asunto religioso en sus contrastes catolicismo/protestantismo (según Zea y Mariátegui), y una necesaria reforma moral y cultural al estilo de la Reforma protestante (según Gramsci), para poder avanzar en transformaciones duraderas y de alcance civilizatorio. Posiblemente lo protestante bien asumido, a partir de sus antecedentes históricos mejores, podría ser una alternativa que contribuya al mejor desarrollo de la región latinoamericana.

Conclusiones

Años 80: "década perdida"; años 90: "década de la corrupción": ambas, décadas de acentuación de la pobreza y miseria humanas con las cuales se cerraba el siglo xx y se iniciaba el nuevo siglo, en cuyo recorrido no parece haber cesado la corrupción. Aún más, si la esfera de la justicia se consideraba como garante de que los actos corruptos quedasen al descubierto, ello se ensombreció por el fenómeno de la "politización de la justicia", con lo cual intereses ideológicos y partidistas interfieren en su adecuada administración. Asimismo, debido a la "judialización de la política", los intereses partidistas "embarran" a quienes buscan desde los estrados judiciales contribuir con dedicación al desarrollo de su nación. Es decir, los garantes de la probidad y la justicia han sido afectados por el fenómeno en cuestión. ¿Anuncio de desesperanza de todo esfuerzo, de posibilidades de cambio real?

En el fondo, el problema del desarrollo económico social latinoamericano parece tener raíces éticas. Por ello, existe la necesidad de un "enderezamiento de caminos torcidos", de verdadero cambio de dirección hacia la justicia e integridad, que seguramente contribuirá a traer más equidad y, por ende, más bienestar para quienes están en el fondo de la escala social. Pero ¿podrá la ética emerger en la experiencia político-social de la gestión pública y en la de los sectores que dominan la economía y los negocios?

Para el pueblo protestante, considerando la dimensión ética, es de esperar que el ejercicio de una misión integral que contemple la evangelización y responsabilidad social consistentes promueva el crecimiento de las necesarias densidades morales en la población y alcance también a sus élites, a fin de que alcancen una madurez cívico-política que lleve a caminos de mayor integridad personal y corporativa en el ejercicio público (reforma moral e intelectual). De esta manera, si bien es imposible que desaparezcan totalmente, llegarían a aminorarse de modo significativo los vicios que aquejan la cultura política latinoamericana. De esta forma, también las militancias en las organizaciones políticas de diverso tipo, por estar subsumidas en una espiritualidad e identidad más sustantivas —la de los valores cristianos—, no obnubilarían su razón ni desviarían su pasión hacia actitudes maquiavélicas, sino que se enrumbarían a más alturados objetivos: la de la construcción de una sociedad más justa, madura y fraterna.

Capítulo 2

La corrupción mata

Entre la historia
y el rol del protestantismo en América Latina

Carlos Martínez García

Sí, la corrupción mata; deforma y destruye con distintos ritmos a personas, grupos y naciones. En América Latina tenemos un caudal de evidencias históricas, herencias estructurales y datos estadísticos que muestran nítidamente por todo nuestro continente los estragos sociales y económicos causados por prácticas corruptas, en distintos gobiernos de las más diversas orientaciones políticas.

La forma en que la actual Latinoamérica fue obligada a integrarse en el sistema económico del siglo XVI configuró una estructura socioeconómica que pervivió mucho más allá del régimen colonial impuesto por España y Portugal. Estas dos naciones, potencias militares en aquel entonces, dominaron enormes extensiones de territorios allende sus fronteras, pero no tenían el control sobre cómo se estaba conformando y globalizando la economía planetaria. En una obra clásica, Stanley J. y Barbara H. Stein sintetizaron bien la paradoja de los dos principales países de la Península Ibérica:

> En 1492, España y Portugal eran dependencias económicas de Europa y, a pesar del surgimiento de sus imperios ultramarinos en el siglo XVI y del control que ejercieron sobre esas regiones hasta alrededor de 1824, siguieron siendo dependientes. Este anómalo *status* de colonia e imperio determinó la historia de los países ibéricos y de sus posesiones coloniales. Condicionó la sociedad, la economía y la política coloniales y también el curso de la historia latinoamericana hasta los tiempos modernos.[1]

---

[1] Stanley Stein y Barbara Stein, *La herencia colonial de América Latina*, Siglo XXI

El régimen colonial dejó herencias malditas en los países sojuzgados; entre ellas, sociedades estratificadas y excluyentes en las que todo beneficiaba a los colonizadores europeos y a sus descendientes en estas tierras. En sentido contrario, el sistema estaba diseñado para explotar intensamente a la población indígena y, cuando ésta fue insuficiente, a los esclavos africanos traídos al Nuevo Mundo en condiciones infrahumanas. Otra de las herencias fue la de concebir los puestos de servicio público y nombramientos políticos como espacios para el enriquecimiento personal y familiar. Quienes llegaron a nuestro continente, procedentes de España y Portugal con designaciones reales para emprender aquí actividades político-administrativas o empresariales, debieron comprar su nombramiento a la Corona respectiva. La inversión era recuperada con creces mediante expoliación brutal de la mano de obra a su servicio, así como a través de prácticas corruptas que dejaron escuela en la conformación de las sociedades latinoamericanas.

Al consumarse la independencia política de España y Portugal, cada nueva nación latinoamericana prosiguió con el modelo económico supeditado al dominio externo. Los tres siglos de Colonia dejaron estragos culturales por la cerrazón que impedía que en Amerindia se expresaran ideas distintas de las permitidas oficialmente. La Santa Inquisición se encargó de hacer efectiva la pedagogía del terror, consistente en infundir miedo a la población con el fin de que no se dejara seducir por herejías. La "aduana de las ideas", así llamada por Carlos Monsiváis, nos refundió en el oscurantismo. Con ello, el proceso democratizador, uno de cuyos componentes es el ejercicio de la crítica, se postergó con graves consecuencias sociales y educativas para los pueblos. Así, "las aduanas de toda índole del virreinato [desvincularon] a la Nueva España de los avances de las metrópolis y gracias a eso la Ilustración no [se dio] en México".[2]

Las independencias nacionales, en general, lograron la independencia política de España y Portugal, pero continuaron con el modelo económico y la forma de ejercer el poder político. Económicamente, las élites criollas reforzaron las estructuras que las

---

Editores, México, 1970, p. 7.

2 Carlos Monsiváis, "Notas sobre el destino (a fin de cuentas venturoso) del laicismo en México", *Fractal*, n.° 26, julio-septiembre 2002. Está disponible en línea (http://www.mxfractal.org/F26monsivais.html).

enriquecían a costa del trabajo cautivo de millones de seres humanos. En cuanto a la administración de lo público, lo importante era mantener buenas redes con el centro de poder o sus representantes locales, a quienes se les debía el nombramiento y, por consecuencia, la lealtad irrestricta en detrimento de ejercer el cargo público para beneficio de mujeres y varones de estas tierras.

> En la Nueva España, el rey ejercía el control de sus vasallos desde la Península, a través de una extensa red de instancias burocráticas formada por un ejército de funcionarios con facultades delegadas, que abarcaba desde el virrey y la Audiencia, hasta los alcaldes de los pueblos. En una estructura de gobierno semejante, la adquisición y conservación de los cargos en la administración pública dependía de la reputación y de las buenas relaciones que se tuvieran en la capital, comúnmente llamada "corte". Por ello la búsqueda de vínculos favorables multiplicó las cadenas de patronazgo y clientelismo en la ciudad de México, y a su imagen, en las principales ciudades del virreinato.[3]

Los regímenes surgidos de los movimientos independentistas resultaron iguales o más corruptos que aquellos del tiempo del dominio colonial español y portugués. Los pueblos de los países nacientes fueron testigos de cómo las élites medraban los recursos públicos, continuando así con prácticas culturales que se internalizaron tanto en las cúpulas políticas y económicas como en el resto de la sociedad.

Las independencias nacionales del siglo XIX y los movimientos sociales revolucionarios que acontecieron durante el siglo XX prometieron construir nuevas bases para la transformación de las estructuras corporativistas y clientelares. Con esto se quiso mejorar los niveles de vida de la población al desterrar, entre otros elementos, el caudal de corruptelas de aquellos a quienes combatieron los citados movimientos.

El caso mexicano es ilustrativo de cómo desde el poder, supuestamente revolucionario, se siguió una política en la cual la corrupción era un elemento central. El general Álvaro Obregón, presidente del país de 1920 a 1924, acuñó la frase *realpolitik*, que

---

[3] Salvador Cárdenas Gutiérrez, "La lucha contra la corrupción en la Nueva España según la visión de los neoestoicos", *Historia Mexicana*, vol. LV, n.° 3, enero–marzo 2006, p. 720.

resumía la forma y fondo de cómo cooptaba a los generales de las otras facciones revolucionarias que le disputaban el poder. Ante la sublevación consideraba que la mejor arma era el soborno: "No hay general que resista un cañonazo de 50 mil pesos".

En toda América Latina quienes sostenían los ideales revolucionarios de transformación social y económica sucumbieron ante cañonazos como los pregonados por el general Obregón. La corrupción mostró su poder corrosivo de ideales y potenció el síndrome de Sísifo, consistente en empujar una y otra vez trabajosamente una voluminosa y pesada piedra hacia la cima de la montaña, y perder las fuerzas cuando se está a punto de lograr el objetivo, y ver con desolación cómo la piedra rueda en cada ocasión cuesta abajo.

La estadísticas y un amplio número de investigaciones han mostrado el escalofriante costo de la corrupción en cada país de América Latina. Muestran lo que podría haberse invertido y el bienestar que un gasto público bien orientado habría traído en creación de infraestructura y servicios sociales. Periódicamente, Transparencia Internacional publica el índice de percepción de corrupción por país, medición en la cual las naciones latinoamericanas, con escasas excepciones, presentan números que reflejan alta corrupción.[4]

Los indicadores económicos, el porcentaje del Producto Bruto Interno que se va por la cañería de la corrupción, el enriquecimiento multimillonario de los beneficiarios del sistema de sobornos, coimas, cochupos, cohechos (y tantas otras palabras que describen la práctica cotidiana de la corrupción), son números que debemos conocer, pues ayudan a dimensionar el tamaño del monstruo que a diario da tarascadas al bienestar de los latinoamericanos.

Otra forma de comprender los estragos causados por la corrupción es ver cómo se ha reflejado en la literatura del continente. Mario Vargas Llosa escribió la novela *Conversación en La Catedral,* una ficción dolorosamente real, en la que condensa los efectos sociales y culturales del ochenio de la dictadura militar en el Perú del general Manuel Apolinario Odría (1948–1956). En el prólogo de 1998, el escritor dice que en esos ocho años de

> sociedad embotellada estaban prohibidos los partidos políticos
> y las actividades en grupo que no fueran a favor del presidente

---

4 http://transparencia.org.es/wp-content/uploads/2016/01/tabla_sintetica_ipc-2015.pdf

Odría, la prensa estaba totalmente censurada, numerosos presos políticos y exiliados. Esa generación pasó de ser niños a jóvenes e inmediatamente a ser hombres. El peor de los crímenes no eran esos, sino que había una gran corrupción que afectaba sectores e instituciones, envileciendo la vida entera [...]

Ese clima de cinismo, apatía, resignación y podredumbre moral del Perú del ochenio, fue la materia prima de esta novela, que recrea, con las libertades que son privilegio de la ficción, la historia política y social de aquellos años sombríos[5]

Ese gran mural que es la novela de Carlos Fuentes, *La región más transparente*, pinta al México posrevolucionario como una gran fiesta de la corrupción e impunidad para los herederos de quienes terminaron alienando la gran esperanza de cambio que fue la Revolución mexicana. El modelo corruptor de la clase política gobernante, señala literariamente Fuentes, permeó las relaciones grupales y personales en toda la sociedad:

Equivalente al [mural] *Sueño de una tarde dominical en la Alameda Central* de Diego Rivera, Fuentes pinta en la *Región más transparente* un mural literario que, como el de Diego, se articula en dos ejes, uno diacrónico —la historia de México, que se vuelca sobre el presente a través, sobre todo, de los personajes atemporales, los guardianes de la tradición, Ixca Cienfuegos y su madre, Teódula Moctezuma— y otro sincrónico —la concomitancia de los diferentes estratos sociales en la ciudad capital durante el periodo presidencial de Miguel Alemán, primer presidente civil del país después de la Revolución—. Los personajes representan las transformaciones que la Revolución infligió en los estamentos polares de la sociedad mexicana: por un lado los hacendados porfiristas, como la familia De Ovando, que pierden sus fortunas y sus tierras, pero conservan el espíritu y los modos del *ancien regime* y recuerdan con nostalgia los tiempos de bonanza, y, por otro, los revolucionarios que lucran con *la bola*, como Federico Robles, a quien la Revolución "le hace justicia" y lo convierte, de peón de hacienda, en banquero potentado.[6]

---

5 Mario Vargas Llosa, "Prólogo", *Conversación en La Catedral*, 3.ª edición, Punto de Lectura, Madrid, 2007, p. 7.
6 Gonzalo Celorio, "Carlos Fuentes, epígono y precursor", en Carlos Fuentes, *La región*

Gabriel García Márquez, en *El otoño del patriarca*, se ocupa de la larga vida de un dictador y de los mecanismos corruptos y corruptores que lo mantuvieron en el poder: las acciones demenciales del hombre fuerte, del caudillo que genera, a la vez, reverencias y temores en sus cercanos y en la población en general.[7]

La obra de Sergio Ramírez, *Adiós muchachos*, es una especie de memoria de la participación del escritor en la Revolución sandinista, memoria que va de la esperanza al doloroso desencanto. Ramírez fue uno de los actores principales de la oposición al dictador Anastasio Somoza. Formó parte de la Junta de Gobierno luego del triunfo del sandinismo. Con los años terminó distanciado del Frente Sandinista de Liberación Nacional (FSLN) porque sus líderes adulteraron los ideales de transformación social de la organización. Lo que no pudo la implacable persecución del dictador al FSLN, lo logró la corrupción, que sedujo durante el ejercicio de gobierno a gran parte de la cúpula sandinista.[8]

En la evaluación de los males que devastaban a Latinoamérica, la generación de líderes evangélicos que confluyeron en el Congreso Evangélico de la Habana (1929) señaló la debacle moral producto de una religiosidad, el catolicismo romano, que no transformaba éticamente a las personas. Así lo resumió en el libro el presidente del Congreso, Gonzalo Báez-Camargo:

> Por lo que hace a la moral, hemos vivido y seguimos viviendo en un pagano divorcio entre el rito y la conducta. La religión se aprueba y se practica como sistema de formas externas, pero no invade las esferas de la vida como inspiración de la conducta individual y social. Una de las más dolorosas realidades de nuestro medio es la cómoda hermandad de la fidelidad al rito, en que el pueblo hace consistir la verdadera religiosidad, con la blasfemia y la impiedad.[9]

---

más transparente (edición conmemorativa 50 años), Asociación de Academias de la Lengua Española-Alfaguara, México, 2008, p. xx.

[7] Gabriel García Márquez, *El otoño del patriarca*, Editorial Plaza y Janés, Barcelona, 1975.

[8] Sergio Ramírez, *Adiós muchachos: una memoria de la Revolución sandinista*, Editorial Aguilar, México, 1999.

[9] Gonzalo Báez Camargo, *Hacia la renovación religiosa en Hispano-América. Resumen e interpretación del Congreso Evangélico Hispano-Americano de la Habana*, Casa Unida de Publicaciones, México, 1930, p. 11.

El diagnóstico vislumbraba un nuevo horizonte: la irrupción de nuevas personas que transformarían estructuras e imaginarios éticos caducos. Los llamados a la transformación, que eran una minoría, debían subvertir el orden sociocultural de América Latina, traer vientos nuevos:

> No existe ya la Inquisición, pero su espíritu de intolerancia no ha muerto, y la renovación religiosa que esperamos y que ansiamos, no puede venir, no ha de venir, del seno de la Iglesia católica [...] ¿Quiénes, pues, encabezarán y dirigirán la renovación religiosa Hispanoamericana? Para ser verdaderamente efectiva, tiene que ser original y espontánea, y no puede ser otra que la proveniente del Cristo Divino de los Evangelios. Los renovadores deberán ser, ineludiblemente, cristianos. Quedan, por consiguiente, como única esperanza en el momento actual, los núcleos evangélicos latinoamericanos. ¿Está nuestro protestantismo capacitado para iniciar, organizar y dirigir esta renovación?[10]

Cuarenta años después del diagnóstico de Báez-Camargo sobre el agotamiento del catolicismo romano en América Latina, y de la visualización de un horizonte prometedor para el protestantismo en estas tierras tuvo lugar el Congreso Latinoamericano de Evangelización, en Bogotá, del 21 al 30 de noviembre de 1969. Entonces se encontrarían y crearían nexos y liderazgos emergentes, una generación joven que debería encarnar el protestantismo y pensarlo en el convulsionado contexto de la época.

Sobre el afianzamiento del pueblo evangélico en la realidad latinoamericana, la Declaración Evangélica de Bogotá señaló que las iglesias protestantes estaban alcanzando un buen grado de endogenización y que el reto de sus liderazgos era trascender la idea y práctica de que el objetivo único de la evangelización estaba en el crecimiento numérico de las comunidades de fe.

Del Congreso Evangélico de la Habana a la fundación de la Fraternidad Teológica Latinoamericana (Cochabamba, Bolivia, diciembre de 1970), transcurrieron cuatro décadas, durante las cuales el cristianismo evangélico tuvo sustanciales transformaciones. Una de ellas fue el arraigo y crecimiento del pentecostalismo, el cual visibilizó

---

[10] *Ibíd.*, p. 21.

cuantitativamente a una minoría antes vista como contenida en pequeños espacios y que no lograba impactar a importantes sectores del pueblo latinoamericano.

En la fundacional y primera Consulta de la Fraternidad Teológica Latinoamericana, Samuel Escobar hizo un diagnóstico acerca de qué tipo de protestantismo parecía dominar en las iglesias y organismos del Continente. Si Báez-Camargo deseaba que el cristianismo evangélico tuviese energía para renovar religiosa, social y culturalmente lo que llamo *Hispano-América*, Escobar vislumbraba que el panorama que se estaba consolidando era otro. En una ponencia no incluida en el libro compilado por Pedro Savage[11], el teólogo de 35 años describió el inmovilismo evangélico ante el contexto social del momento:

> En ciertos círculos evangélicos latinoamericanos la visión de lo que se llama "proceso revolucionario" es policíaca. Se identifica directamente con la acción subversiva interesada de un bloque de naciones, y se tiende a verle ribetes diabólicos en un maniqueísmo peligroso, en el cual todo el bien del mundo estaría en un bloque y todo el mal en el otro. [...] La pregunta que hay que hacerse es qué ha pasado ahora que a nuestros propios ojos, y más a los ojos de la juventud y de cuantos toman conciencia de la necesidad de cambios, el Evangelio se ha convertido más bien en opio del pueblo. ¿Cómo es que los evangélicos se han vuelto una fuerza conservadora temerosa de cuestionar el *statu quo* y levantar una voz profética; que parece preferir ser guardiana de un mensaje aséptico que procura a toda costa probar que no es peligroso ni subversivo ni trastornador? ¿No será que hemos amordazado a la Biblia?[12]

Entre 1929 (Congreso de la Habana) y 1970 (fundación de la Fraternidad Teológica Latinoamericana), hubo un pequeño pero constante crecimiento del protestantismo. En términos generales, a partir de los años 70 del siglo xx la realidad numérica del protestantismo evangélico latinoamericano fue contrastante con las comunidades existentes en el tiempo de los orígenes de la FTL. Su robustez cuantitativa se ha estudiado

---

11 Tampoco tuvo espacio en el volumen el trabajo escrito por el misionero norteamericano Peter Wagner, que iba en sentido contrario a las posturas de Samuel Escobar, René Padilla y Pedro Arana.

12 Samuel Escobar Aguirre, *La Biblia y la revolución social en América Latina*, mimeo, 1970, pp. 2, 7–8.

en cada país. Es una realidad que el campo religioso latinoamericano se ha transformado en las recientes décadas. La diversificación de creencias, sobre todo en quienes han abrazado alguna de las propuestas del amplio abanico que es el cristianismo evangélico, es evidente y reporta distintos porcentajes de adscripción en la población de cada país. En América Latina la religiosidad de los pueblos no está en declive, sino que su expresión se ha diversificado intensamente.[13]

Latinoamérica es la reserva poblacional del catolicismo, pero también un continente en el que crece constantemente el amplio abanico del protestantismo/cristianismo evangélico. Un estudio cuantitativo del Pew Research Center da cuenta de las creencias y prácticas en 19 países de América Latina. El documento posibilita no solamente conocer los números de la diversidad religiosa, sino también hacer interpretaciones socioculturales de tal diversificación. El detallado estudio, con todo y apéndices, contiene 310 páginas. Tiene por título *Religion in Latin America: Widespread Change in a Historically Catholic Region.*[14] Hay una versión condensada en español que incluye los principales indicadores de la investigación.[15]

En América Latina viven más de 425 millones de católicos, el 40 % de la población católica mundial. Con variaciones por país, durante la mayor parte del siglo xx (de 1900 a 1960), la población católica fue del 90 %. Es a partir de la década de los 60 cuando tal porcentaje comienza a descender constantemente. A fines del 2014, cuando el Pew Research Center concluyó con el levantamiento de datos, los católicos romanos adultos en Latinoamérica representaron el 69 %. Por todo el Continente es verificable el descenso de creyentes católicos, ya que, sostiene el reporte,

> en casi todos los países encuestados, la Iglesia Católica ha sufrido pérdidas netas debido al cambio religioso de muchos latino-americanos que se unieron a iglesias evangélicas protestantes o que rechazaron en general la religión organizada. Por ejemplo, aproximadamente uno de cada cuatro nicaragüenses, uno de

---

[13] Al respecto es útil el volumen coordinado por Olga Odgers Ortiz, *Pluralización religiosa de América Latina,* El Colegio de la Frontera Norte-ciesas, Tijuana-México, 2011.

[14] http://www.pewforum.org/files/2014/11/Religion-in-Latin-America-11-12-PM-full-PDF.pdf

[15] http://www.pewforum.org/files/2014/11/PEW-RESEARCH-CENTER-Religion-in-Latin-America-Overview-SPANISH-TRANSLATION-for-publication-11-13.pdf

cada cinco brasileños y uno de cada siete venezolanos ya no son católicos.

El 84 % de los entrevistados dijeron haber sido criados en sus familias como católicos. Después optaron por otra confesión religiosa o ninguna, tras lo cual el porcentaje original de católicos criados como tales descendió a 69 %. En contraste,

> tanto las iglesias protestantes como la población sin afiliación religiosa de la región han ganado miembros. Sólo uno de cada diez latinoamericanos (9 %) fueron criados en iglesias protestantes, pero casi uno de cada cinco (19 %) ahora se describe como protestante. Y, mientras solo el 4 % de los latinoamericanos fueron criados sin una afiliación religiosa, el doble de esa cantidad (8 %) no tiene afiliación religiosa en la actualidad.

La investigación consigna datos interesantes que muestran los distintos ritmos de la "descatolización" en América Latina. Al analizar por país los números de quienes respondieron haber sido criados en el catolicismo, se ve que en Colombia se presenta el mayor éxodo hacia distintas variantes del protestantismo, pues el 74 % de la población colombiana protestante/evangélica respondió que antes se había criado en familias católicas. Asimismo. Panamá es el país en donde se registra el menor porcentaje (15 %) de protestantes que respondieron que antes habían sido católicos.

De las ocho posibilidades que tuvieron las personas encuestadas para responder sobre la causa de su paso del catolicismo al protestantismo, la más marcada fue que buscaban una conexión personal con Dios, la segunda, que disfrutaban más el estilo de culto en su nueva iglesia; la tercera, que querían un mayor énfasis en la moralidad, y la cuarta, que en el protestantismo habían encontrado una iglesia que ayuda más a sus integrantes.

La conversión al protestantismo/cristianismo evangélico en el Continente acontece más por el acercamiento de las iglesias a las personas que por lo contrario: por el acercamiento de las personas a las iglesias. La media en América Latina de quienes dijeron haber cambiado de confesión religiosa porque una iglesia se había acercado a ellos fue del 58 %. Un elemento para tener en cuenta sobre cómo se acercan las iglesias evangélicas a las personas, es que lo hacen mediante sus integrantes en la vida cotidiana y en los lugares donde se desenvuelven.

El Pew Research Center usa el concepto protestante

en un sentido amplio para hacer referencia [a integrantes] de las iglesias protestantes históricas (por ejemplo, bautistas, adventistas del séptimo día, metodistas, luteranos o presbiterianos), miembros de iglesias pentecostales (por ejemplo, Asambleas de Dios, Iglesia Pentecostal de Dios o Iglesia Evangélica Cuadrangular) y miembros de otras iglesias protestantes.

Tal vez un criterio para tener en cuenta acerca de los protestantes/ cristianos evangélicos latinoamericanos (ya sean de iglesias históricas, pentecostales, neopentecostales o megaiglesias de distinta tendencia) es que tienen como Biblia común la del llamado canon corto, es decir, sin libros deuterocanónicos, los cuales sí forman parte de la Biblia usada por la Iglesia Católica.

El cristianismo evangélico que más crece en América Latina es el de corte pentecostal. Esto no es algo que haya descubierto la investigación del Pew Research Center, pero el documento le da forma numérica a una impresión que presenta variantes en los países del Continente: la impresión del predominio pentecostal (un protestantismo popular) en el abanico protestante latinoamericano.

El Pew Research Center define como pentecostales a quienes en sus "servicios religiosos [tienen] experiencias que los creyentes consideran 'dones del Espíritu Santo', como la sanación divina, hablar en lenguas y recibir revelaciones directas de Dios". Poco menos de la mitad de los protestantes latinoamericanos (47 %) dijo pertenecer a una denominación pentecostal; poco más de la mitad (52 %) se identificó como pentecostal. La diferencia entre el primer y segundo porcentaje (5 %) se debe a que ese 5 % adicional señala a protestantes pentecostalizados que no son integrantes de una congregación pentecostal, sino, por ejemplo, de alguna conocida como histórica.

Respecto al conocido como "evangelio de la prosperidad", definido por el Pew Research Center como consistente en la convicción de que Dios concederá bienestar económico y buena salud física a quienes tienen suficiente fe, llama la atención que, dentro de toda Latinoamérica, en Brasil haya el menor porcentaje (56 %) de protestantes que se identifican con la premisa mencionada. La cifra, de todas maneras, me parece alta, y me lleva a una observación: Brasil es precisamente la cuna de muy conocidos movimientos y predicadores del evangelio de la prosperidad; sin embargo, al mismo tiempo, es, según la investigación que nos ocupa, el país donde los protestantes/evangélicos hacen suyo en menor grado el eslogan de la prosperidad asegurada. Esto tal vez se deba a que los protestantes brasileños han comprobado que la oferta es endeble o a los escándalos éticos de no pocos telepredicadores y de autoproclamados profetas y apóstoles.

Cabe hacer una salvedad sobre si los líderes y adeptos del "evangelio de la prosperidad" son realmente protestantes/evangélicos o, más bien, sólo guardan un leve vínculo con éstos, pero con énfasis diferentes, de tal manera que se les deba considerar como *paraprotestantes* o *paraevangélicos*, o *posprotestantes* o *posevangélicos*. Usan la Biblia de canon corto (sin libros deuterocanónicos, la que históricamente han leído los protestantes/evangélicos), pero de forma sesgada hacia todo lo que, a su juicio, enfatice la bendición de bienes materiales, y desdeñan las responsabilidades del discipulado y la transformación ética de sus congregantes.[16] En el rubro del "evangelio de la prosperidad", los protestantes/evangélicos tienen más altos porcentajes en Venezuela (91 %), Guatemala (90 %) y Bolivia (89 %), y menos en Brasil, como ya mencioné, Chile (59 %) y Puerto Rico (60 %).

Mientras el pentecostalismo/neopentecostalismo es el que más crece dentro del protestantismo latinoamericano, en el catolicismo le corresponde ese lugar a la renovación carismática. El carismatismo ha sido visto por algunos altos clérigos romanos y analistas sociorreligiosos como una especie de dique a la expansión pentecostal, y lo es de alguna manera. Por otra parte, no sé si sea el caso en otros países, pero en México varios grupos que empezaron en la renovación carismática, después se independizaron o rompieron con la Iglesia Católica y se transformaron en iglesias pentecostales/neopentecostales.

Expongo algunas observaciones sobre las cifras del cambio religioso evidenciadas en el documento, y las relaciono comparativamente para ver si el crecimiento significativo del protestantismo evangélico ha implicado alguna transformación ética en sus filas e irradiado a la

---

[16] Una evaluación certera, me parece, es la de Martín Ocaña Flores, *Los banqueros de Dios. Una aproximación evangélica a la teología de la prosperidad*, 2.ª edición, Ediciones Puma, Lima, 2014. Acerca del tema ver el capítulo "¿Teologías posmodernas?", de Alberto F. Roldán, *¿Para qué sirve la teología?*, 2.ª edición, Libros Desafío, Michigan, 2011, pp. 137–156. Sobre la identidad de la fe evangélica, Ian Randall, *What a Friend We Have in Jesus. The Evangelical Tradition*, Orbis Books, New York, 2005; J. I. Packer y Thomas C. Oden, *One Faith: The Evangelical Consensus*, InterVarsity Press, Downers Gove, Illinois, 204; John Stott, *Identidad evangélica. Un llamado a la unidad, integridad y fidelidad*, Ediciones Certeza Unida, Buenos Aires, 2012.

sociedad. Es fehaciente que el protestantismo/cristianismo evangélico sigue creciendo en toda Latinoamérica, y su rostro predominante es el de la familia pentecostal o neopentecostal. En algunas regiones la transformación del campo religioso, antes con gran hegemonía del catolicismo, ha sido vertiginosa, lo que también ha llevado a cuentas y proyecciones muy optimistas dentro de cierto evangelicalismo triunfalista. Ello me hace preguntar si lo que ha acontecido es un cambio de adscripción religiosa y una adopción de nuevos rituales religiosos pero sin tocar de modo claro el núcleo de ciertas prenociones y prácticas que no se transforman al ingresar al nuevo círculo confesional.

Una de estas áreas intocadas puede ser el de la integridad personal y comunitaria. Al gran crecimiento cuantitativo protestante no le ha seguido lo que desde dentro de las comunidades de fe se llama "discipulado", y que hacia afuera pudiera ser visto como creación de ciudadanía, construcción de personalidades democráticas agentes de cambios mentales y culturales. En este sentido, cabe la distinción sociológica que afirma que puede estudiarse el fenómeno religioso como creencia o como conducta. ¿En qué son contrastantes las conductas de los protestantes/evangélicos latinoamericanos con las de quienes no lo son? ¿Son sus comunidades más democráticas, horizontales, preocupadas por el otro, con menos casos de abusos de todo tipo y corrupción? ¿O todo, o la mayor parte, consiste solamente en cambios de algunas creencias y nuevos ritualismos que no alteran/transforman rasgos subsistentes de la cultura patrimonialista latinoamericana?

Las respuestas a las interrogantes anteriores no pueden ser tajantes hacia un lado u otro. El sí o el no dependen de comprensiones doctrinales, aplicaciones pedagógicas de éstas y proyectos para implementar las creencias en la vida personal, comunitaria y social. Para clarificar las prácticas sociales de las comunidades evangélicas realmente existentes, ya tenemos un considerable cúmulo de investigaciones históricas, sociológicas y antropológicas que muestran luces y sombras de tales comunidades.

En el 2017 se cumplen 500 años del inicio de la Reforma protestante, que en sus orígenes fue una crítica a la venta de indulgencias y a la corrupción eclesiástica católica romana. Hoy, cuando por todas partes campean en espacios evangélicos o neoevangélicos ambas formas de corrupción, la venta de neoindulgencias o la simonía (Hch 8.9–21), es preciso tener claridad desde el cristianismo evangélico sobre la adulteración y denunciarla como traición al espíritu y la esencia del evangelio de Jesús. Es ineludible la construcción de comunidades de integridad que permeen la sociedad y contribuyan a la renovación de ella aportando nuevos hábitos culturales que combatan desde sus cimientos el desbordante mar de la corrupción. ¿Habrá la energía ética para esta tarea?

El protestantismo en América Latina, a pesar de que desde distintas posiciones e intereses se le sigue etiquetando de advenedizo, ya tiene una historia de más de siglo y medio en este continente, y las últimas cuatro décadas se ha masificado y asentado en toda la extensa geografía latinoamericana. Si las primeras generaciones se enfocaron principalmente en sobrevivir en un medio que les era hostil, y por ello crearon espacios que les dieran tanto legitimidad social como posibilidad de reproducir y diseminar una identidad religiosa/cultural alternativa a la histórica y tradicional en Latinoamérica, las generaciones actuales tienen la responsabilidad que les da su peso demográfico de construir no sólo un perfil confesional identitario hacia dentro de sus comunidades de fe, sino también de fermentar con lo mejor de la cultura protestante las sociedades nacionales, que siguen inmersas en un desasosiego de profundas raíces históricas. Debe hacerse más carne el principio protestante para transformar lo que Gabriel García Márquez, en su discurso de aceptación del Premio Nobel de Literatura, llamó la "realidad descomunal" de América Latina.[17]

---

[17] Gabriel García Márquez, "La soledad de América Latina", discurso en la recepción del Premio Nobel de Literatura 1982, en *Yo no vengo a decir un discurso*, Random House Mondadori, México, 2010, p. 25.

Parte 2

*Abordajes bíblicos
y desafíos éticos*

Capítulo 3

Enfrentando la corrupción hoy a la luz de Amós 8.1–7

Ruth Alvarado Yparraguirre

La amenaza de la corrupción

El Perú tiene uno de los índices de corrupción más altos junto con otros países de la región. Los niveles de corrupción han deteriorado todo nuestro sistema institucional: el Estado como estructura basada en cimientos del derecho y la ley no logra frenar ni disminuir la corrupción. Todo esto me recuerda un dicho que don Manuel González Prada hizo conocido y que data de hace más de cien años: "Donde se pone el dedo, salta el pus".[1] Con esta frase intentó describir la corrupción en las altas esferas gubernamentales del país y, según vemos, las cosas no han cambiado mucho. Todo parece ser un problema endémico.

En el día de hoy tenemos una frase popular que lamentablemente se ha hecho parte de nuestro cotidiano vivir y que ha decidido algunas votaciones: "No importa que robe con tal de que haga obra". La utilización de recursos del Estado para beneficio propio, la manipulación de conciencias para ganar las elecciones, el uso indebido del poder en el Estado han producido un gran número de alcaldes y funcionarios acusados por delitos contra la administración pública, así como la apertura de procesos judiciales por responsabilidad administrativa funcional y otros delitos. De las veinticinco regiones que tiene el Perú, se han vulnerado por la corrupción más de trece. Cientos de municipios y sectores importantes como la salud, la educación o la seguridad, son espacios atrapados por la corrupción de funcionarios públicos.

---

[1] Manuel González Prada, "Propaganda y ataque" (1888), en *Pensamiento y librepensamiento*, Fundación Biblioteca Ayacucho, Caracas, 2004, p. 68.

Esto sin duda refleja que la corrupción atraviesa todos los sectores: los partidos políticos, las empresas, el sistema judicial, el electorado, los funcionarios públicos, el Congreso de la República, las organizaciones, las iglesias, etc. Ello nos perjudica porque ocasiona pérdidas económicas, afecta la institucionalidad, vulnera los derechos de las personas, pero, sobre todo, porque influye en nuestra conducta cotidiana. De ser servidores del Estado, algunas personas pasan a ser las que se sirven de él. Los que deberían denunciar guardan silencio cómplice, y esto produce incremento de la corrupción.

Algunos analistas dirán que esta conducta es parte de nuestra herencia colonial basada en el clientelismo y el soborno. Como dice Wilfredo Ardito: "Es un clientelismo que otorga beneficios, pero trata a los ciudadanos como súbditos".[2] Otros consideran que es una extensión del modelo patrimonialista extendido en nuestros países desde su fundación. Al respecto, la reciente memoria de gestión de la Contraloría General de la República del Perú nos aclara algunos detalles:

> En la gestión pública, el problema central radica en el uso irregular e ineficiente de los recursos públicos, lo cual impacta sobre la calidad y cobertura de los servicios públicos brindados. La diversidad de causas de esta situación requiere el tratamiento integral de la misma. Entre las causas estructurales que en su momento se identificaron, eran notorios los vacíos del sistema legal anticorrupción y la falta de probidad en diversas autoridades y funcionarios públicos por su débil formación ética y la ausencia de una cultura de transparencia y rendición de cuentas…[3]

Más allá de señalar que los actos de corrupción siempre estarán reñidos con la ley y el derecho, se debe remarcar que es principalmente un problema ético y moral que afecta a nuestros ciudadanos de manera individual y colectiva. Somos naciones muy precarizadas. La anomia, la informalidad y la corrupción es la regla; una gestión transparente es la excepción. Tampoco queremos dejar de mencionar nuestra propia responsabilidad frente a esta situación: ¿Es posible que como iglesia

---

[2] "El civismo peruano parece siempre estar dormido, pero cuidado si lo logras despertar", Wilfredo Ardito en www.lamula.pe. Publicado a propósito de las elecciones presidenciales en el Perú.

[3] Contraloría General de la República del Perú, "Memoria de la Gestión 2009–2016". Disponible en http://doc.contraloria.gob.pe/transparencia/documentos/2016/Memoria_Gestion_2009-2016.pdf, p. 8.

podamos llegar a ser parte de esa "conciencia" o "reserva moral" que nuestros países necesitan a fin de hacer los cambios que nos permitan enfrentar la corrupción que nos desborda? Se han gastado millones de dólares y soles en la prevención, en la lucha contra la corrupción, y se ha invertido en mecanismos, instancias, recursos, pero todo parece inútil. Soy una convencida de que es necesario movilizar al ciudadano de a pie, a la sociedad civil en su conjunto. Necesitamos encontrar el camino para enfrentar esta situación.

Buscando pistas por dónde andar

Por todo lo dicho hemos querido acercarnos a Amós, un hombre sencillo, del campo, proveniente de una familia pobre. No pertenece al gremio de los profetas, no tiene formación política alguna. Es una persona que en algún momento de su vida decide salir de Tecoa (al límite del desierto de Judá, Am 1.1), para cruzar el territorio y enfrentarse a ocho reinos de su tiempo. Como su nombre lo indica, Amós ("el que lleva la carga") ha entendido que hay un encargo que Dios quiere que se ejecute, y que él ha sido designado para llevarlo a cabo.

Amós es conocido como un profeta menor porque el libro que lleva su nombre es un escrito breve que, además, tiene un lenguaje sencillo y puro sin dejar de transmitir un mensaje enérgico, rico en metáforas, poesía y símbolos. Amós se dirige a los sectores privilegiados de cada uno de estos reinos con el fin de que entiendan que no pueden continuar con esa conducta injusta sobre la mayoría empobrecida del pueblo. Les hace saber que han sido sentenciados por Dios y que serán castigados por esa conducta.

En la profecía dirigida a los poderosos de Israel es Dios mismo, a través de este hombre sencillo que hace de profeta, el que reclama por su infidelidad a la promesa recibida. En sus líneas podemos observar ampliamente la situación cruenta por la que atraviesa el pueblo. Así, Amós se convierte en el profeta que más enfatiza lo grave que es delante de Dios la injusticia social. En ese sentido, se puede decir que es un revolucionario teológico. De ahí nuestro interés por tomar este libro como referencia.

Introduciéndonos al texto

Según el mismo libro lo indica, el llamado al ministerio de Amós se inicia dos años antes del gran terremoto (ocurrido a mediados del s.

VIII a. C.), durante el reinado de Jeroboam (rey de Israel) y del sacerdote de Betel, Amasías (Am 7.10–13). La profecía de Amós se dirige a cada uno de los ocho reinos existentes para denunciarlos y sentenciarlos por los delitos cometidos. Pero cuando esta profecía se dirige a Israel, la denuncia tiene un efecto mucho mayor por cuanto la acusación es "haber despreciado la ley de Jehová".

Según Edesio Sánchez, el narrador de Amós se dirige a su auditorio (primero Israel y posteriormente Judá), de manera enérgica, usando diversos géneros literarios propios de su tiempo y con el propósito de que sus palabras impacten en quienes lo escuchan. Así, encontramos que a lo largo del libro se resalta la justicia como eje transversal para la vida de las personas:

> El doble símil, sinónimo, de 5.24 tiene como dinámica retórica el anhelo o sueño que al igual que las aguas de manantiales y arroyos, la justicia nunca falte en la vida y conducta de la nación [...] En 5.7b la metáfora sirve para acentuar la idea de cómo es que un valor o principio ético tan importante como es la justicia es menospreciada igual que una joya o piedra preciosa y considerada basura que puede ser arrojada a la Tierra [...] Al comparar en 6.12 la justicia con el veneno y el ajenjo, el profeta apunta a la tergiversación e impunidad con que los poderosos han transformado lo que debería ser fuerza productora de vida, en veneno destructor.[4]

Para Amós, el ser pueblo elegido de Dios, más que un privilegio es una responsabilidad que les debe conducir a cumplir fielmente con el deseo de Dios: ser justos. Sin embargo, el actuar de los que están en el poder, la cúpula religiosa, los militares de alto rango, los gobernantes de Israel están lejos de cumplir con este deseo. Las imágenes que encontramos a lo largo del libro hablan del comportamiento de estas personas: el justo es vendido por dinero (2.6b), el pobre es esclavizado por deudas ridículas (2.6c), el pobre es humillado y oprimido (2.7a, 4.1; 5.11), las jóvenes en edad marital son abusadas sexualmente (2.7b), no hay misericordia en los préstamos (2.8a), existe un mal uso de los impuestos y multas (2.8b), se aflige al justo, se reciben sobornos y se llevan a cabo juicios injustos (5.12). Por estas y otras conductas, Amós,

---

4 Edesio Sánchez Cetina, "El poeta quien juzga y sufre por la Palabra", RIBLA 71 (2012), p. 12.

en nombre de Dios, denuncia, demanda y condena, pero también habla de sueños y esperanzas para este pueblo.

Amós muestra, a través de las visiones proféticas dirigidas a Israel (cap. 7), la inmanencia de Dios en la vida del pueblo. Es interesante encontrar en las dos primeras visiones un cambio en el actuar de Dios como respuesta a la intercesión de Amós. En ambos casos, la razón que expuso fue: "¿Cómo podrá restablecerse Jacob si es un pueblo pequeño?" (7.2; 7.5). Podría decirse que éste es un planteamiento producto de una observación sencilla; tal vez una propuesta que no necesariamente responde a una evaluación política institucionalizada; sin embargo, gracias a ella Dios toma la decisión de renunciar a ejecutar su designio en ese momento, aunque en la tercera visión advierte, sin dudarlo, que, de continuar Israel con esa conducta, Él no volvería a perdonarla, sino que sería devastada. Entonces, Amós calla.

Amós 8.1–7

Jerusalén	Reina Valera 1995
[1]Esto me dio a ver el Señor Yahveh Había una canasta de fruta madura	[1]Esto me mostró Jehová, el Señor: un canastillo de fruta de verano.
[2]Y me dijo Yahveh: ¿Qué ves, Amos? Yo respondí: una canasta de fruta madura. Y Yahveh me dijo: Ha llegado la madurez para mi pueblo Israel, ni una más le volveré a pasar.	[2]Y me preguntó: ¿Qué ves, Amós? Y respondí: —Un canastillo de fruta de verano. Y me dijo Jehová: —Ha venido el fin sobre mi pueblo Israel; no lo toleraré más.
[3]Los cantos de palacio serán lamentos aquel día. —Oráculo de Yahveh— Serán muchos los cadáveres, en todo lugar se arrojarán. SILENCIO.	[3]Y los cantores del templo gemirán en aquel día, dice Jehová, el Señor. Muchos serán los cuerpos muertos, y en silencio serán arrojados en cualquier lugar.
[4]Escuchad esto los que pisoteáis al pobre y queréis suprimir a los humildes de la tierra,	[4]Oíd esto, los que explotáis a los menesterosos y arruináis a los pobres de la tierra,
[5]diciendo: "¿Cuándo pasará el novilunio para poder vender el grano, y el sábado para dar salida al trigo, PARA achicar la medida y aumentar el peso, falsificando balanzas de fraude,	[5]diciendo: "¿Cuándo pasará el mes y venderemos el trigo; y la semana, y abriremos los graneros del pan? ENTONCES achicaremos la medida, subiremos el precio, falsearemos con engaño la balanza,

[6]PARA comprar por dinero a los débiles y al **pobre** por un par de sandalias, PARA vender hasta el salvado del grano?"	[6]compraremos a los **pobres** por dinero y a los **necesitados** por un par de zapatos, y venderemos los desechos del trigo?".
[7]Ha *jurado* Yahveh por el orgullo de Jacob: ¡JAMÁS HE DE OLVIDAR todas sus obras!	[7]Jehová *juró* por la gloria de Jacob: "NO OLVIDARÉ JAMÁS ninguna de sus obras".

Después del paréntesis que encontramos en el 7.10–17, observamos la cuarta visión en el capítulo 8. Dios muestra a Amós la "fruta madura" o "fruta del verano" (heb. *qayits*, 8.1). Esta mención ubica la narración al final de la fiesta principal de la colecta (agosto/setiembre) y nos ofrece la imagen de una fruta a punto de estropearse, en tan mal estado que no se puede comer. Tal vez por ello, Amós liga esta imagen con la palabra "fin, madurez", cuya raíz en hebreo (*qets*) se asemeja mucho a la palabra anterior.

Con esta visión de la cotidianidad de la naturaleza, el mismo Dios señala que llegó el día del fin para este pueblo y que no tolerará una transgresión más. Ya ha hablado en la visión anterior sobre la devastación que experimentará "la Casa de Jeroboam" (7.9). Ahora Amós, usando los sentidos, describe plenamente en qué condiciones quedará (8.3). Se escucha el gemido de las cantoras del palacio,[5] mujeres que sufren por todo lo que sucede, pero también por su propia situación al vivir en carne propia todo tipo de abusos producto de su condición de esclavitud; se ve también la presencia de cadáveres que estarán regados por todo lugar. Esta imagen termina con un estruendoso silencio fúnebre en donde nadie habla. Schwantes denominará a esta subunidad: "panfleto profético".[6]

Empleando imágenes en paralelo Amós pasa de este final silencioso de la visión al "escuchen" (8.4) dirigido a los responsables de estos actos. Pide que escuchen cómo es "triturado" el pobre (hebr. *'ebyôn*) y cómo "exterminan" a los humildes de la tierra (heb. *'any*). Ésta es una situación que se inicia en lo individual hasta llegar a afectar a todos los "pobres de

---

[5] Estas cantoras "son esclavas, muchachas que están al servicio de la corte, personas libres que han sido esclavizadas, sea por la guerra (Am 1.6) o por la subyugación social (Am 2.6; 8.3, 6)". Carlos Vásquez, "Achicar el efa y aumentar el shequel", RIBLA 71 (2012), p. 125.

[6] "Profecía meditada, resultado del proceso de conservación de la memoria profética", M. *Schwantes*, "A terra não pode suportar suas palabras (Am 7.10)", *Reflexao e estudo sobre Amos*, Paulinas, San Pablo, 2004, p. 52.

la tierra". Pero, además, Amós pone en evidencia y con lujo de detalles cómo se han venido cometiendo estos delitos: ellos son personas que, aun cuando cumplen con los rituales religiosos, son hipócritas e infieles. Un ejemplo es la fiesta religiosa del primer día del mes (luna nueva), porque en esa festividad está prohibido comprar y vender, y estos comerciantes no quieren "perder el tiempo" en celebraciones. Lo que quieren es abrir los graneros para vender, sin importar si es día de guardar. Pero, además, están cometiendo fraude: acortan la medida del grano, aumentan el peso, utilizan balanzas fraudulentas, todo esto para perjudicar aún más a los "pobres". Para estos poderosos, los "pobres" (heb. *dal*) no tienen ningún valor; se aprovechan de ellos, los compran por nada, los esclavizan y abusan de ellos.

Amós también denuncia que estos comerciantes venden dos tipos de trigo: el trigo más caro (Am 8.5), que seguramente lo compran aquellos que todavía tienen algunos recursos para adquirirlo, pero que igualmente se ven perjudicados con esta transacción; y "el desecho del trigo" (Am 8.6), que probablemente se vende algo más barato. Si ya es un abuso que se comercialice el trigo a un precio más caro de lo usual, mucho más lo es el hecho de que se venda lo que le corresponde "a los desvalidos y a los pobres de la tierra" (Éx 23.10–11, Dt 24.19, Lv 23.22). Esto definitivamente es inaceptable para Dios.

En la unidad que estamos comentando, Amós utiliza hasta cuatro imágenes para describir a la persona "empobrecida". Está el caso de las "cantoras" (8.3), quienes son mujeres esclavizadas, seguramente por deudas de dinero de sus parientes varones. Se encuentra también el *'ebyôn* (8.4), el necesitado, el menesteroso, el materialmente pobre porque perdió alguna heredad, al que le falta ropa o alimento, el que no tiene posición social, por lo cual necesita protección. Está, igualmente, el *dal* (8.6), el débil o flaco/raquítico, cuya apariencia física visibiliza su condición social, la persona hambrienta como consecuencia del comercio injusto. Y también están los *'any* (8.4), que en esta unidad se traduce como los pobres de la tierra; son los afligidos, los deprimidos, los oprimidos; viven el día a día y se encuentran socialmente indefensos y sujetos siempre a la opresión, sin tener la posibilidad de salir por sí mismos de esta situación.

Todas estas personas, sin distinción alguna, se hallan bajo la protección divina y Dios ha establecido normas de conducta que garantizan un trato digno y justo para ellas. Por ejemplo, las leyes del jubileo que regulan la cancelación de deudas, la devolución de tierras, la previsión de préstamos, etc. Las leyes humanitarias que regulan acciones para evitar abusos al momento de cobrar deudas (Éx 22.25), o protección para los jornaleros pobres (Dt 24.14). Las leyes de santidad que regulan acerca de las injusticias en juicio (Éx 23.2–3; Lv 14.21; 19.15). Pero el grupo humano que tiene una especial consideración para Dios lo conforman aquellas personas que por sí mismas no pueden salir de su situación. En esta condición están las viudas, los huérfanos y los extranjeros (quienes por ser personas solas no tienen quién hable por ellas ni tampoco pueden acceder a ningún derecho por sí mismas). Para este último grupo, Dios ha dispuesto, por ejemplo, no espigar hasta el último rincón de la cosecha ni recoger el fruto caído (Éx 23.10–11; Lv 19.9), a fin de que sean esas personas las que los recojan y así puedan sobrevivir. Es importante anotar que la lxx traduce *'any*, *'ebyôn* y *dal* de manera indistinta como *ptöjos* o *pénes*. Curiosamente, encontramos también estas palabras cuando Dios habla del ayuno que le interesa (Is 58.7),[7] o cuando se habla de las buenas del Reino en Lucas 4.18.

Para Dios los responsables de proteger a estas personas, en primer lugar, son los gobernantes, porque deben cumplir y hacer cumplir las leyes establecidas. Pero también lo es la sociedad en general, por cuanto está obligada a cumplir con el deseo de Dios regulado en los códigos vigentes. Sin embargo, vemos en el pasaje que lo que está ocurriendo es un abuso por parte de estos comerciantes sobre los indefensos, sin que nadie hable por ellos o los defienda. Se está desarrollando un comercio injusto y violento que tritura a las personas hasta hacerlas desaparecer o que produce personas desnutridas. Todo esto genera más pobreza y abandono en el pueblo.

Frente a esta situación, Dios hace efectivo su tercer juramento (Am 4.2; 6.8; 8.7). La palabra que traduce *juramento* tiene la misma raíz que el término *siete*; por esa razón, algunos analistas dirán que "jurar" es "septuplicarse" o, dicho de otra manera, la persona que jura está atada a ese juramento siete veces. Y esta vez Dios jura por "la gloria de Jacob". Al respecto Schökel dice:

> Lo difícil de explicar es la expresión "por el orgullo de Jacob":
> de ordinario la preposición *be-* introduce aquello por lo que se

---

[7] "¿No es que partas tu pan con el hambriento y a los pobres errantes albergues en casa; que cuando veas al desnudo lo cubras, y no te escondas de tu hermano?" (Biblia de Jerusalén).

> jura (por mi vida, por mi santidad [...]); *ge'on* (orgullo) puede designar la actitud humana y también su objeto (el hijo es el orgullo del padre). Esta segunda posibilidad nos daría la lectura *"juro por el que es el orgullo de Jacob"*; es decir, por mí mismo. Lo cual encierra una carga de ironía: ¿Jacob se enorgullece de mí, de tenerme por Dios?; pues verán cómo reacciona ese orgullo [...][8]

Esta afirmación, unida a lo que anteriormente se ha dicho sobre las consecuencias de ser pueblo elegido (3.2), y que Dios detesta la soberbia de Jacob (6.8), nos habla de que la lealtad de Dios a sí mismo se confirma mediante este juramento. Dios jura, entonces, que jamás ha de olvidar todas las obras cometidas por Israel.

En tiempos de la deportación, de la casi desaparición del pueblo de la promesa en el exilio, este mensaje vuelve a resurgir recogido por las escuelas de Amós, por aquellas personas para quienes es importante que se recuerde el deseo de Dios para su pueblo. A lo largo del libro la propuesta es reiterativa: "Oíd esta palabra, proclamad en los lugares importantes, testificad contra los gobiernos corruptos, desenmascara a los hipócritas que están en el gobierno, pero también en los servicios religiosos, no dejes de hablar, denuncia a los explotadores" (3.1, 9, 13; 4.1, 5; 5.1, 23; 7.16). Todo esto para recordar una y otra vez que se debe cuidar del desvalido, cuidar que estas personas también lleguen a tener una calidad de vida digna, porque ése es el deseo de Dios. Y éste es el mensaje que nos llega a nosotros ahora.

Algunas ideas conclusivas

Tal como se resaltó al inicio, este libro está cargado de metáforas, poesía y símbolos. En las imágenes que hemos intentado describir se hace uso de elementos sencillos y cotidianos con el fin de dejarse entender. Por ejemplo, a lo largo del libro se utilizan elementos que se hallan al alcance de cualquier persona, como manantiales, arroyos, joyas o el veneno mismo, para resaltar la importancia de la justicia en la vida de las personas, y aun, en su relación con el ambiente. Dios quiere que la justicia corra, que esté viva en el vivir cotidiano, que no se manipule el derecho a favor de los poderosos, porque esto lo único que produce

---

8 Alonso Schökel, *Profetas: Comentario*, Vol. 2, Ediciones Cristiandad, Madrid, 1980, p. 989 (resaltado es mío).

es la anulación o eliminación de las personas en particular. A la larga, genera la eliminación de la sociedad misma y de su hábitat.

También encontramos que Amós es muy descriptivo, claro y frontal en sus afirmaciones. Es tan claro que se gana el odio de los "profesionales" de la época (el sacerdote Amasías), quienes logran deportarlo. Pero Amós no se inmuta por eso. Sabe que debe cumplir con el encargo recibido; lo dijo en este testimonio: "Si el Señor Dios lo manda, ¿quién no hablará en su nombre?" (3.8).

Los actos de corrupción deben ser sancionados como corresponde por ley, pero para llegar a eso debemos ser capaces de denunciar los hechos de manera tan clara como nos sea posible, sin importar el grado de influencia que la persona denunciada pueda tener. No necesitamos ser "profesionales" o "especializados"; sólo necesitamos poner a disposición de esta tarea todas nuestras capacidades y habilidades, así como entender que hemos sido llamados por Dios para cumplir con el encargo de llevar las buenas nuevas del Reino a todas las personas; esto se hace cuando se quiere ser la voz de los "pobres" de nuestro tiempo y acompañarlos en sus reclamos. En este punto es importante además construir estrategias claras de incidencia, a fin de colocar nuestras voces y propuestas proféticas en los espacios de mayor trascendencia pública.

En todo el libro vemos diferentes imágenes de los pobres de ese tiempo. Pero en el pasaje que hemos analizado encontramos sólo una vez a los *'any* (en gr. *ptójos*, "pobres de la tierra") y se señala que estas personas dependen totalmente de Dios. "El pueblo de Dios", los gobernantes, la sociedad, son responsables de cuidarlos y atenderlos. No hacerlo es una afrenta contra Dios. De ahí el castigo que reciben por haber despreciado las leyes que Dios ha establecido para este efecto. ¡Por haber despreciado a Dios!

Entonces, ¿quiénes son los *'any* o *ptójos* de nuestro tiempo? ¿A quiénes hemos sido llamados a cuidar y a acompañar? Nunca como ahora se han incrementado los recursos del Estado, pero los encargados de administrarla se han dedicado a acumular estos recursos en beneficio propio, sobrevalorando los servicios que ofrecen (medicinas, vehículos de uso público, construcciones, armas, uniformes, instrumentos médicos o maquinarias en general, etc.), o "aceptan sobornos" por sus servicios. Todo esto trae como consecuencia la postergación de la salud y de la vida plena de niños, niñas y personas adultas mayores en condiciones de abandono, de enfermos terminales, de poblaciones en extrema pobreza, de comunidades mineras, de comunidades indígenas, de personas en general que no tienen los recursos ni las capacidades para influir a fin de defenderse por sí mismas.

Por ello, es necesario que desarrollemos mucho más nuestra conciencia social y el compromiso por lo que decimos creer, que nos mueva a discernir sobre lo que debemos hacer para responder estratégicamente, desde el lugar donde nos encontremos, en las condiciones en las que estemos y con las herramientas que tengamos. También es importante subrayar que necesitamos generar cambios en favor de las personas excluidas, tanto en la generación de conciencia solidaria en la comunidad como en las estructuras políticas. De este modo, estaremos respondiendo al llamado de visibilizar, con palabras y hechos, las buenas nuevas del Reino a los desposeídos.

En el testimonio que hemos leído, Amós sugiere a Dios que perdone al pueblo a pesar de los actos cometidos, porque es un pueblo todavía pequeño y en proceso. Su planteamiento es sencillo, apela a la misericordia de Dios: ¡cómo abandonar a un pueblo que está en desarrollo! Y Dios escucha sus oraciones, perdona al pueblo de manera reiterada. Pero lamentablemente su conducta de afrenta contra Dios permanece y, antes de sancionarlo, se toma el tiempo de mostrarle a Amós que ahora este pueblo ya no es un pueblo débil; que ahora está maduro, pero ha crecido corrompido, y es necesario detener este avance porque perjudica al desvalido. Así, podemos decir que es importante que nos mantengamos firmes en la intercesión ante Dios por nuestro pueblo, pero también en la necesidad de actuar clara y frontalmente para evitar que la corrupción nos inunde. Necesitamos acompañar pedagógicamente a nuestro pueblo para discernir y deconstruir los sistemas y culturas de corrupción que se han anidado en nuestro propio tejido social.

Por ser la corrupción un problema que pasa por lo ético y moral, nos corresponde fortalecer nuestras propias acciones proponiéndonos ser transparentes y coherentes en nuestros dichos y hechos. Sobre todo, necesitamos tomar en cuenta que todas las personas hemos sido llamadas a esta tarea, y, por lo tanto, somos responsables de lo que hagamos o dejemos de hacer.

Dios quiere que escuchemos de manera inteligente su palabra, que entendamos cuál es su deseo y que prestemos atención. Que seamos testigos de su anhelo porque la justicia siga corriendo como el manantial y que salgamos a hacerlo.

A Dios la gloria.

Capítulo 4

La corrupción política en los evangelios y el libro de los Hechos

Lindy "Luis" Scott

Introducción

La Biblia nos ofrece una visión muy realista sobre la naturaleza de los gobiernos humanos. Por un lado, el testimonio de las Sagradas Escrituras en su totalidad afirma la necesidad de autoridades humanas en la tierra. Así, cuando los gobernantes actúan de una manera relativamente buena y justa, los autores bíblicos los aprueban y destacan su conducta positiva. Sin embargo, cuando las autoridades no implementan la justicia requerida por Dios, a menudo el Señor levanta voces proféticas para señalar sus pecados. Algunos de mis colegas están analizando los textos sagrados del Antiguo Testamento y de las Cartas del Nuevo Testamento y el Apocalipsis. A mí me toca presentar la enseñanza de Jesús con respecto a los gobiernos humanos en los evangelios y la vida de la iglesia primitiva con relación a las autoridades en el libro de los Hechos de los Apóstoles. El hecho de que Jesucristo sea el "Rey de reyes y Señor de señores", nos lleva al gran desafío de entender correctamente la relación entre Dios y las autoridades humanas.[1]

Hay algunas bases bíblicas con las cuales casi todos los seguidores de Cristo coincidimos: Dios, en su sabiduría y su soberanía, ha permitido la existencia de gobiernos humanos. El Señor les ordena que promuevan lo justo y castiguen lo malo. De ninguna manera

---

[1] En mi ponencia me limito a las autoridades "seculares", es decir, las del Imperio romano. Otro tema importante que requiere un estudio cuidadoso es la corrupción dentro de las instituciones "religiosas", en este caso incluiría a los fariseos, saduceos y escribas.

son absolutos. Los principales de estos gobiernos humanos deben considerarse como mayordomos y siervos cuya esfera de acción es restringida. Tendrán que rendir cuentas a Dios por cómo han ejecutado su mandato. A veces, Dios permite que multipliquen su maldad (por ejemplo, el faraón en el tiempo de Moisés), pero, tarde o temprano, el Dios justo eliminará a los gobernantes malvados.

La postura general de Jesús ante las autoridades humanas es bastante clara. Aunque los gobernantes fueron creados a la imagen de Dios, también han sido permeados por el pecado. Lamentablemente, por lo general abusan de su poder. En un momento de enseñanza, Jesús utilizó la conducta típica de los gobernantes como ejemplo negativo. Cuando sus discípulos tuvieron un altercado sobre cuál de ellos sería el más importante, les dijo: "Los reyes de las naciones oprimen a sus súbditos, y los que ejercen autoridad sobre ellos se llaman a sí mismos benefactores. No sea así entre ustedes. Al contrario, el mayor debe comportarse como el menor, y el que manda como el que sirve" (Lc 22.24–26).[2] El hecho de que los reyes se autoproclamen benefactores (hacedores de lo bueno) nos alerta de la necesidad de adoptar una postura crítica, no ingenua, ante ellos.

La corrupción es la distorsión de la justicia. Aunque generalmente pensamos en la corrupción por medio del soborno, la Biblia muestra claramente que hay varios factores que llevan a la corrupción: la envidia, el miedo y el orgullo, entre otros. En esta ponencia examinamos la corrupción en el sentido amplio y analizamos las variadas maneras en que los gobernantes distorsionan la justicia.

Al abrirse las cortinas del Nuevo Testamento, se nos muestra el gobierno dominante en Medio Oriente: el Imperio romano. Su poder era enorme. Su extensión cubría miles y miles de kilómetros cuadrados. Muchos pueblos (incluyendo los judíos) habían sido subyugados por la fuerza y tenían que pagar altos impuestos por los "privilegios" de vivir bajo la *pax romana*.[3] Por debajo del emperador romano, había varios reyes y tetrarcas que gobernaban en regiones más pequeñas.

---

2 Otro ejemplo de esta postura es cuando Jesús les advirtió a sus discípulos de la hipocresía y falsedad de Herodes (juntamente con la de los fariseos): "¡Ojo con la levadura de los fariseos y con la de Herodes!" (Mr 8.15). En otro momento, Jesús fue aún más directo en lo que pensaba de Herodes al llamarlo "ese zorro" (Lc 13.31–32).

3 El censo que hizo Augusto César que formó el contexto del nacimiento de Jesús en Belén, se llevó a cabo con el propósito de cobrar altos impuestos a los súbditos del Imperio romano (Lc 2.1).

Herodes el Grande y los "Reyes Magos"

El rey que gobernaba en Palestina cuando Jesús nació era Herodes el Grande.[4] Aunque Lucas nos lo presenta históricamente (Lc 1.5), es el evangelista Mateo quien nos describe su carácter verdadero en el episodio de los "Reyes Magos" (Mt 2.1–12). Unos sabios procedentes del Oriente vieron una estrella especial que anunció el nacimiento de un nuevo rey. Partieron para adorar al niño. Al llegar a Jerusalén, se encontraron con el rey Herodes. El rey y toda la ciudad se turbaron con la noticia de un nuevo rey recién nacido. Luego, Herodes envió a los sabios a Belén y les dijo: "Vayan e infórmense bien de ese niño y, tan pronto como lo encuentren, avísenme para que yo también vaya y lo adore". Los sabios encontraron a María y José en Belén con su niño Jesús. Lo adoraron, pero, advertidos por Dios en un sueño de que no volvieran a Herodes, regresaron al Oriente por otro camino. Luego, un ángel de Dios se le apareció en sueños a José y le dijo: "Levántate, toma al niño y a su madre, y huye a Egipto. Quédate allí hasta que yo te avise, porque Herodes va a buscar al niño para matarlo". José obedeció el mandato y llevó a su familia como refugiados a Egipto. Acto seguido, ocurrió una tragedia. Herodes, cuando se enteró de la "desobediencia" de los sabios, se enfureció y mandó a matar a todos los varoncitos menores de dos años en Belén. Poco después falleció Herodes.

Lecciones para hoy

- Maestros de mentiras: Herodes abiertamente mintió cuando les dijo a los sabios: "… para que yo también vaya y lo adore". La mentira es uno de los mecanismos más comunes entre los gobernantes, en el tiempo de Herodes y también hoy.

- Los gobernantes generalmente quieren mantenerse en el poder. Con la noticia de que un nuevo rey había nacido, el terror se apoderó del corazón de Herodes porque pensaba que un rival lo iba a sacar de su posición de autoridad. El deseo de mantener su poder lo llevó a ordenar una matanza.

---

[4] Herodes sigue siendo un personaje controversial. En sus escritos tempranos, el historiador judío Josefo lo describe en términos mayormente positivos. Sin embargo, en sus tomos posteriores, Josefo se refiere a él como un dictador tiránico. Ver Josefo, *La guerra de los judíos* y *Antigüedades judías*.

La respuesta fiel de los creyentes es obedecer a Dios y no contribuir a las maldades del gobernante corrupto. Para no cooperar en la maldad de Herodes, los sabios practicaron una "desobediencia civil". José no solamente confiaba en Dios, sino que también lo obedeció al huir con su familia a Egipto. Los cristianos actuales no debemos ser ingenuos, sino tener una actitud cautelosa y crítica ante los que se encuentren en el poder.

Herodes Antipas y Juan el Bautista

Cuando Jesús creció y empezó su ministerio público, ya otras autoridades mandaban en la tierra. Las responsabilidades gubernamentales de Herodes el Grande se habían pasado a otros. Uno de sus hijos, Felipe, gobernaba en Iturea y Traconite; el medio hermano de este, Herodes Antipas (otro de los hijos de Herodes el Grande), era tetrarca en Galilea, mientras que Poncio Pilato gobernaba la provincia de Judea.

Un episodio importante en la vida política de Herodes Antipas involucró al personaje bíblico de Juan el Bautista (Mt 14.1–12; Mr 6.14–29; Lc 3.19–20). Herodes se casó con su cuñada Herodías, esposa de Felipe. Herodes afirmaba ser judío y esta acción fue contraria a la ley de Dios. Por ello, Juan el Bautista empezó a criticarlo públicamente. Como consecuencia, Herodes lo arrestó. Los relatos bíblicos muestran la frágil humanidad de este.[5] Por temor al pueblo, Herodes trató bien a Juan el Bautista; además sabía que era "un hombre justo y santo" (Mr 6.20). Lo llamó varias veces para conversar y disfrutó de su compañía o, por lo menos, fue atraído por sus conversaciones. Sin embargo, la presencia de Juan el Bautista molestó a Herodías en gran manera por llamarla adúltera. En una fiesta patrocinada por Herodes, la hija de Herodías bailó de manera estupenda y les encantó a todos, por lo que el rey le ofreció hasta la mitad de su reino. Pero, después de consultar con su madre, la hija pidió la cabeza de Juan el Bautista. Ante eso, Herodes

---

[5] Lucas, en particular, muestra la humanidad contradictoria de Herodes. Al oír las noticias sobre Jesús, Herodes se quedó "perplejo" (Lc 9.7). Preguntó: "¿quién es, entonces, este de quien oigo tales cosas?" y luego intentó verlo (Lc 9.9). Cuando los judíos llevaron a Jesús ante Herodes, el tetrarca "se puso muy contento. Hacía tiempo que quería verlo por lo que oía acerca de él, y esperaba presenciar algún milagro que hiciera Jesús" (Lc 23.8). Al no recibir respuestas a sus preguntas, "Herodes y sus soldados, con desprecio y burlas, le pusieron [a Jesús] un manto lujoso y lo mandaron de vuelta a Pilato" (Lc 23.11).

se encontró en una situación difícil, pero, por su arrogancia y la presión de sus invitados, se sintió obligado a cumplir su promesa mal decidida y mandó a ejecutar a Juan el Bautista.

Lecciones para hoy

- No es bíblico tener una postura absolutista sobre los gobernantes, es decir, ellos no son totalmente buenos ni malos. Son seres humanos con virtudes y fallas como todos nosotros. Por ser creados a imagen y semejanza de Dios, tienen la posibilidad de administrar la justicia en una manera relativamente equitativa. Por otro lado, muestran una tendencia hacia el pecado, tanto individual como institucional. Asimismo, toman muchas decisiones buenas, guiados por la ley de Dios impresa en sus mentes y corazones. Sin embargo, por otro lado, su orgullo y la presión de otros fácilmente pueden corromperlos y llevarlos a cometer barbaridades. Esta naturaleza humana, virtuosa y caída, hace difícil el actuar político de los cristianos y de las iglesias. Podemos influir un poco para el bienestar de la sociedad, y debemos hacerlo,[6] pero es una lucha ardua y permanente en contra del pecado en el cual estamos inmersos.
- El poder del pueblo. A veces pensamos que los reyes y los dictadores no respetan la opinión pública. Con tanto poder, ¿por qué tomarían en cuenta lo que piensa la gente? Sin embargo, muchos gobernantes le tienen miedo a su propia gente. Por mucho tiempo, Herodes le hizo caso al pueblo porque la gente común tenía a Juan en alta estima y, aunque lo había encarcelado, tenía miedo de hacerle más daño. Esto fue así hasta la noche de la fiesta, cuando su orgullo desenfrenado lo llevó a actuar de manera enloquecida y corrupta. Así, en nuestros tiempos, algunos gobiernos militares han caído por las protestas insistentes del pueblo. Todos sabemos del valor de las Madres y Abuelas de la Plaza de Mayo, en Argentina, quienes levantaron sus voces en protesta constante de las atrocidades de la Junta Militar, y que un millón de filipinos pusieron sus cuerpos delante de los ejércitos de Marcos y obligaron pacíficamente a que el dictador saliera del país. Hay muchos otros ejemplos, grandes y pequeños, del poder del pueblo en contra de la injusticia de sus gobernantes.

---

6   Un ejemplo digno de estudiar es la participación política del pastor Pedro Arana en el Congreso Constituyente en Perú en 1979.

Poncio Pilato con Jesús

Durante el ministerio público de Jesús, Poncio Pilato gobernaba la provincia de Judea. Aparentemente, el único contacto que tuvo con Jesús se produjo cuando los jefes de los sacerdotes lo entregaron al gobernador para ser juzgado durante sus últimos días. Los cuatro evangelistas narran estas interacciones con lujo de detalle (Mt 27.1-2, 11-26; Mr 15.1-15; Lc 23.1-25; Jn 18.28-19.16). Primero, Pilato interroga a Jesús: *¿Eres tú el rey de los judíos?*, y Jesús afirma: *Tú lo dices* (Mt 27.11). Juan continúa su descripción de la conversación:

> —*Han sido tu propio pueblo y los jefes de los sacerdotes los que te entregaron a mí. ¿Qué has hecho?*
>
> —*Mi reino no es de este mundo* —contestó Jesús—. *Si lo fuera, mis propios guardias pelearían para impedir que los judíos me arrestaran. Pero mi reino no es de este mundo.*
>
> —*¡Así que eres rey!* —le dijo Pilato.
>
> —*Eres tú quien dice que soy rey. Yo para esto nací, y para esto vine al mundo.* (Jn 18.35-37)[7]

Pilato no sabía qué hacer con Jesús porque este realmente no había violado ninguna ley romana. Al enterarse de que era de Galilea, lo envió a Herodes Antipas, quien gobernaba sobre ese territorio y se encontraba en Jerusalén en esos días (no sabemos si hizo esto por cortesía o debido a que no quería asumir la responsabilidad de castigar a un hombre inocente, o por otro motivo). Después de interrogar a Jesús por cierto tiempo, Herodes lo devolvió a Pilato, y la esposa de éste se metió en el asunto, pues, por medio de un sueño, se enteró de que Jesús era justo. Así, le advirtió a su marido que no aplicara ningún castigo y Pilato intentó soltar a Jesús porque ni él ni Herodes habían encontrado ninguna culpabilidad en el acusado. Por ello, sugirió la idea de darle una paliza y soltarlo, pero los sacerdotes, los líderes y el pueblo no aceptaron esta alternativa. Por este motivo, Pilato propuso

---

7 La frase "Mi reino no es de este mundo" a menudo se malentiende como si el reino de Jesús no tuviera nada que ver con nuestra sociedad. De hecho, es todo lo contrario. Una lectura cuidadosa del capítulo anterior (Jn 17), muestra que Jesús (y, por extensión, sus discípulos), *no es de este mundo ni proviene de él*, pero muy intencionalmente *fue enviado a este mundo y está en este mundo*; como consecuencia, entra en conflicto con los valores caídos de este mundo. De la misma manera, *su reino no es de este mundo*, pero *sí está en este mundo* para transformarlo.

otra salida: como era costumbre en estas fechas, podía indultar a un prisionero, por lo que les ofreció la opción de soltar a Jesús o a Barrabás, un homicida e insurreccionista. Sin embargo, el pueblo pidió que indultara a Barrabás.

Vemos en Pilato la cobardía. Sabía que Jesús era inocente, pero cedió su autoridad a una multitud furiosa y mandó la crucifixión de Jesús. Mateo narra que Pilato se lavó las manos en un intento de negar su responsabilidad. Sin embargo, el lavarse las manos no limpia las manchas de una autoridad corrupta.[8]

Lecciones para hoy

- Generalmente pensamos en la corrupción como un abuso de poder, como utilizar la autoridad para castigar injustamente a unas personas. Sin embargo, en el caso de Pilato, vemos lo opuesto: no usó su autoridad para proteger a los inocentes. Fue débil. No cumplió la responsabilidad que el Imperio romano le había otorgado. Se sabe que examinó a Jesús, pero en este acto Dios examinó a Pilato, y este no aprobó el examen. Hoy en día, cuando han florecido las democracias, ¿cuántas autoridades no cumplen con sus responsabilidades por no implementar el poder de la justicia? El pecado de omisión es también pecado.

Herodes Agripa I y la iglesia en Jerusalén

Cuando Claudio llegó a ser emperador nombró a Herodes Agripa I gobernante sobre Samaria y Judea (incluyendo Jerusalén). Este Herodes era nieto de Herodes el Grande y sobrino de Herodes Antipas. Para estas fechas la iglesia había aumentado rápidamente, tanto en número como en extensión geográfica. El capítulo 12 del libro de los Hechos describe un enfrentamiento entre este rey, Herodes Agripa I, y la iglesia. En ese tiempo el rey Herodes hizo arrestar a algunos miembros de la iglesia con el fin de maltratarlos. A Jacobo, hermano de Juan, lo mandó matar a espada y, al ver que esto agradaba a los judíos, procedió a prender también a Pedro. Esto sucedió durante la Fiesta de los Panes sin Levadura (Hch 12.1–3).

---

[8] La iglesia primitiva fue muy clara en señalar que tanto Herodes Antipas como Poncio Pilato eran cómplices y corruptos en su mal ejercicio del poder en cuanto a Jesús. Ver Hch 4.24–27.

Para nuestros fines, es importante notar que Herodes Agripa i se opuso a la iglesia para agradar a los judíos (a aquellos que no creían en el mensaje de Jesús). Para congraciarse con un grupo de súbditos, promovió la persecución de otro sector. Lucas luego narra el escape milagroso de Pedro de la cárcel. Al otro día, Herodes se enfureció con los guardias bajo quienes Pedro había escapado y los mandó a matar. Poco tiempo después, Herodes se encontraba en Cesarea. El relato nos dice: "Ataviado con su ropaje real y sentado en su trono, le dirigió un discurso al pueblo. La gente gritaba, '¡Voz de un dios, no de hombre!'. Al instante un ángel del Señor lo hirió, porque no le había dado la gloria a Dios; y Herodes murió comido de gusanos" (Hch 12.21–23).

Lecciones para hoy

- Herodes favoreció a los judíos a expensas de los cristianos.[9] Cuán común es el favoritismo entre los gobernantes de hoy también. En nuestras democracias actuales, los "victoriosos" en las elecciones premian a sus grandes donantes con puestos, favores, remuneraciones y otros beneficios, por su apoyo durante la campaña. A menudo, son las minorías religiosas o políticas las que sufren represalias durante estos abusos de poder. Tristemente, hay ejemplos en nuestra sufrida América Latina de políticos evangélicos que, al alcanzar el poder, buscan favores para sus iglesias más que la equidad y el bienestar para todos.[10]

Pablo y los gobernantes romanos

En mi opinión, el médico Lucas trató de escribir con un buen sentido de equilibrio. Cuando el gobierno romano y sus oficiales merecían crítica, Lucas la ofreció "sin pelos en la lengua". Por otro lado, en varias ocasiones documentó cómo ciertos oficiales hicieron lo correcto a pesar de la oportunidad de corromperse. En tales casos, Lucas notó positivamente la conducta del oficial. El apóstol Pablo se benefició de la justicia otorgada por la *pax romana*, pues, como era ciudadano romano, gozaba de ciertos derechos por ello. Hizo uso de su ciudadanía

---

9 Josefo describe a Herodes Agripa i en términos muy positivos. Realizó muchos beneficios para los judíos. Así, se nota el contraste en la manera en que gobernó, favoreciendo a unos a expensas de otros.

10 Por ejemplo, las acciones de la "Banca Evangélica" en el congreso de Brasil.

para obtener justicia.[11] En Filipos, Pablo y Silas predicaron la palabra y expulsaron un espíritu maligno de una muchacha (Hch 16.12, 16–40); entonces, los amos de la muchacha llevaron a Pablo y a Silas ante los magistrados, quienes los golpearon y metieron en la cárcel. Luego se produjo un terremoto, gracias al cual Pablo y Silas pudieron haberse escapado libremente; sin embargo, demandaron que los magistrados los fueran a ver y a pedirles que los disculparan. Y así lo hicieron. Para los propósitos de este estudio, se ve que es posible llamar la atención de oficiales y exigir justicia y, a veces, dichos oficiales reconocen sus errores y vuelven al camino justo.

En Éfeso se produjo otro alboroto por causa de la predicación del evangelio (Hch 19.23–41). Entre las autoridades de la ciudad había unas personas amigas de Pablo, quienes le recomendaron que se quedara en casa para no afrontar la ira de la multitud. Sin embargo, Gayo y Aristarco, compañeros de Pablo, tuvieron que enfrentarse a la muchedumbre. El secretario del Concejo Municipal logró calmar a la multitud y restauró el orden en la ciudad al apelar a las leyes romanas y a la razón.

En Jerusalén sucedió otro alboroto porque unos judíos acusaron falsamente a Pablo de haber metido a Trófimo, un no judío, en el templo. La multitud estaba a punto de matar a Pablo cuando el comandante del batallón romano, Claudio Lisias, le salvó la vida (Hch 21.28–40). Un tiempo después, siguió protegiéndolo cuando cuarenta hombres armaron una emboscada para matarlo. El comandante movilizó a muchos soldados para salvarle la vida y enviarlo de noche al gobernador Félix en Cesarea (Hch 23.12–33).

Cinco días después, Félix presidió el proceso legal contra Pablo (Hch 24.1–27), en el cual el sumo sacerdote, Ananías, presentó las acusaciones en su contra. Pablo se defendió explicando su trasfondo, su conversión y su predicación del evangelio. Luego, Félix suspendió el proceso y permitió a Pablo cierto confort dentro de la cárcel. Hasta

---

[11] Desde una óptica cristiana, la ciudadanía romana con todos sus beneficios es una bendición mixta. Ofrece algunos derechos básicos que todo ser humano merece. Sin embargo, el hecho de que relativamente pocos dentro del Imperio romano tuvieran acceso a estos derechos desembocó en una sociedad dividida: los que tenían muchos privilegios y los que no. Hoy en día, aunque casi todos los seres humanos son ciudadanos de algún país, los privilegios otorgados a ellos varían mucho de país a país. Ojalá que pudiéramos implementar derechos básicos (al estilo de los descritos por la Organización de Naciones Unidas) a los cuales todo ser humano tuviera acceso.

aquí, parece que el gobernador Félix actuó con justicia permitiendo que ambos lados expusieran su punto de vista; sin embargo, mantuvo a Pablo preso por dos años, en parte, para congraciarse con los judíos. Lo llamó varias veces para escuchar más sobre su fe en Jesucristo, y Pablo le disertó sobre "la justicia, el dominio propio y el juicio venidero" (Hch 24.25) y, como consecuencia, Félix se llenó de miedo. Lucas nos explica que el gobernador esperaba dinero, es decir, un soborno; por lo tanto, llamó y conversó con Pablo varias veces, pero el apóstol no le dio ni un centavo.

Después de dos años, Félix fue reemplazado por Porcio Festo, quien también oyó el caso de Pablo. Los líderes judíos querían que se lo juzgara en Jerusalén, pero él sabiamente apeló al emperador. Festo decidió involucrar al rey Agripa (este realmente se llamaba Herodes Agripa II y era bisnieto de Herodes el Grande). Pablo presentó su defensa de nuevo ante Agripa, Berenice, Festo y otros, y todos concordaron en que se podría poner a Pablo en libertad, excepto por el hecho que él había pedido presentarse ante el emperador (Hch 26). Al final, Pablo estuvo bajo arresto domiciliario en Roma esperando su entrevista con el soberano. Lucas concluye así: *Durante dos años completos permaneció Pablo en la casa que tenía alquilada, y recibía a todos los que iban a verlo. Y predicaba el reino de Dios y enseñaba acerca del Señor Jesucristo sin impedimento y sin temor alguno* (Hch 28.30–31).[12]

Lecciones para hoy

- Pablo y otros creyentes utilizaron su ciudadanía romana (por imperfecta que fuera) para exigir justicia, y, en muchos casos, la lograron. De la misma manera, la iglesia actual debe usar las leyes nacionales e internacionales para promover la justicia y exigir que los gobernantes cumplan con el mandato que Dios les ha dado.

Conclusión

Vivimos en una época de democracias relativamente nuevas en América Latina. Lamentablemente, la transición de las dictaduras a

---

[12] Son sumamente importantes las palabras que Lucas utiliza aquí. El tema principal del evangelio es el reino de Dios, que está por encima de todos los gobiernos humanos. Además, se enfatiza que Jesús es el Señor (*Kyrios*). Este título se reservaba para el emperador, pero era la afirmación principal de la iglesia primitiva: ¡Jesús es el Señor!

las democracias, en muchos de nuestros países, no ha eliminado la corrupción; sin embargo, como ciudadanos tenemos más poder en nuestras manos que antes. Esto nos hace recordar: "A todo el que se le ha dado mucho, se le exigirá mucho" (Lc 12.48). Somos más responsables por el bienestar de nuestras sociedades que antes. Me vienen a la mente ciertos interrogantes básicos sobre nuestro papel como "sal y luz" en la sociedad:

1. ¿Cómo educamos a nuestras iglesias locales sobre nuestra responsabilidad política?
2. ¿Cómo podemos ejercer influencia sobre los políticos actuales para que se comprometan con la justicia y resistan a las tentaciones de la corrupción?
3. ¿Cuáles son las oportunidades y los riesgos de postularnos como candidatos políticos? ¿Cómo podemos minimizar los riesgos?
4. ¿Cómo podemos enseñar al pueblo de Dios que los políticos cristianos deben buscar el bienestar común y no un favoritismo para los creyentes?
5. ¿Qué hemos aprendido de los éxitos y los fracasos de políticos y partidos evangélicos en América Latina?
6. ¿Cuáles son las acciones más útiles para combatir la corrupción política? ¿Procesos legales? ¿Una prensa libre e independiente? ¿El fortalecimiento de la sociedad civil?

Existen varios recursos valientes para orientarnos como comunidades de fe que buscan seguir el ejemplo de Jesús y de los primeros cristianos en cuanto a procurar la justicia y enfrentarnos a la corrupción. Para acompañar el estudio de las Escrituras, hay literatura que profundiza el tema,[13] teóricos y practicantes de la teología pública que trabajan para capacitar a los seguidores de Cristo a que sean ciudadanos comprometidos en sus países.[14] Además, existen varias organizaciones e instituciones que convocan y capacitan a los cristianos para que

---

[13] Entre muchos otros, ver P. Deiros, edit., *Los evangélicos y el poder político en América Latina*, Nueva Creación, Buenos Aires-Grand Rapids, 1986; S. Escobar, D. López y D. Llanos, *Perspectiva bíblica sobre la participación de los evangélicos en política*, CONEP, Lima, 1991; J. H. Yoder, *Jesús y la realidad política*, Certeza, Buenos Aires, 1985.

[14] Existen desde los más teóricos (GEMRIP en Argentina, www.gemrip.org), hasta los más prácticos (ver, T. Gutiérrez Sánchez, "A Culture of Values and Justice: Public Theology through Latin American Protestant Christianity", *Journal of Latin American Theology* 11/2 (2016), pp. 61–102.

levanten su voz y utilicen sus manos para combatir la corrupción en cada contexto.[15] Como Fraternidad Teológica Latinoamericana, queremos seguir la corriente bíblica de afirmar la necesidad de gobernantes y de respetar su autoridad. También queremos imitar a los sabios del Oriente que desobedecieron el mandato real para no ser cómplices de la mentira; a Juan el Bautista, quien arriesgó la vida señalando la incoherencia entre lo dicho y lo hecho por los poderosos; a Pablo, que insistió en el cumplimiento fiel de las leyes imperiales justas cuando lo eran, y, en todo, a Jesús, quien predicó y vivió el reino de Dios, en el cual toda autoridad humana se arrodillará ante el verdadero Rey que trata con justicia a toda la creación.

---

[15] Entre los muchos otros ejemplos, podemos citar organizaciones internacionales como la "Red Miqueas" (www.micahnetwork.org/es), y "Paz y Esperanza" (www. pazyesperanza.org). Algunas organizaciones nacionales son "Rio de Paz", en Brasil (www.riodepaz.org.br/), y la "Conferencia Nacional de Líderes Hispanos Cristianos", en los Estados Unidos (www.nhclc.org).

Capítulo 5

"Salgan de ahí, pueblo mío"

Esperanzas de quienes sufren la corrupción
(Ap 18.1–19.10)

Juan José Barreda Toscano

> *Me verás volar*
> *por la ciudad de la furia,*
> *donde nadie sabe de mí,*
> *y yo soy parte de todos.*
> —*La ciudad de la furia, Gustavo Cerati*

Al reflexionar en temas relacionados con la corrupción sociopolítica, precisamos advertir cuáles son los diversos actores, factores y estructuras que participan en la corrupción. También es necesario aceptar el hecho de que aquello que consideramos "corrupto" o "corrupción" necesita de una interpretación que haga justicia a la complejidad de tal problemática. Las miradas principistas y voluntaristas, tan aceptadas en el mundo "evangélico", suelen entorpecer el discernimiento apropiado de la naturaleza de la corrupción, de las ideologías que la sustentan, así como de las redes y dinámicas sociales que crea. Lamentablemente, estas miradas suelen profundizar el sufrimiento de quienes son los hilos más débiles del entretejido que conforma la corrupción. Muchos de ellos están involucrados en ésta de forma indirecta, como víctimas, o bien, por no encontrar mayores alternativas estructurales para vivir fuera de ella.

Cuando se pone todo el peso de la corrupción y de la solución en la voluntad individual, se puede estar revictimizando a quienes la padecen. Si algún aporte podremos hacer a esta problemática es, precisamente, advertir que no puede abordarse la corrupción en términos simplistas de "lo bueno y lo malo", pretendiendo terminar con ella como cuando un cirujano separa un tumor del resto del cuerpo. Ayudará advertir que la corrupción tiene diversas facetas, que sus redes involucran a mucha más gente de la que se piensa, en diversos niveles de responsabilidad y funcionalidad. Están quienes forman parte de su sistema sin siquiera advertir que son colaboradores o beneficiarios indirectos. Por esto mismo, no basta con animar a "combatirla", sino que precisamos discernir su naturaleza endémica para trabajar positivamente en el entramado de relaciones que la conforman y aportar,[1] en la medida de lo viable y discernible, opciones superadoras que la identifiquen como dañina, que le resten poder y atractivo, y que aporten opciones de vida saludables, especialmente para quienes son excluidos por ella de sus derechos a una vida plena.

Precisamente, quisiera reflexionar en este capítulo desde el lugar de los más débiles en la red de la corrupción. Trataré de no caer en la dinámica de corrupto/no corrupto, del voluntarismo que llama a la "separación" sin advertir los costos para la vida. Abordaré el tema desde quienes están involucrados en ella y son utilizados; desde quienes se encuentran sin las herramientas ni cuentan con las condiciones para poder salir y lograr, principalmente, una vida digna y plena tras tanto abuso sobre ellos. Apocalipsis 18.1–19.10 tiene mucho que aportar para el discernimiento de algunos aspectos de la corrupción y, en especial, desde las perspectivas de quienes más la sufren. Trataré de observar la complejidad de la convocatoria a salir de la corrupción, las miserias que descubrimos cuando no logramos salir o decidimos no hacerlo, pero, también, la mirada compasiva y cuidadosa de Dios hacia quienes sufren de las consecuencias de la distorsión del sentido del bien común, el cual también es propuesto por Él para nuestras sociedades.

La estructura del texto

Empezaré por señalar de la estructura del texto algunos aspectos que nos ayudarán a hacer una interpretación más fecunda de él. Apocalipsis

---

[1] P. ej., en A. W. Quiroz, *Historia de la corrupción en el Perú*, Instituto de Estudios Peruanos, Lima, 2013, nos encontramos con una constante, el acercamiento al tema de la corrupción desde las instituciones y los personajes en el poder político, pero no aborda mayormente otros actores que se ven involucrados en situaciones de corrupción: la ciudadanía en general, las ideologías que subyacen a la población, las organizaciones religiosas protestantes y otros actores sociales que influyen grandemente en una cultura en la que la corrupción es un componente altamente aceptado.

18.1–19.10 comprende la tercera de una serie de nueve visiones de acontecimiento en la última parte del libro (Ap 17.3, 6; 18.1; 19.11, 17, 19; 20.1, 4, 12). Estas visiones presentan, en la cronología del libro, el desarrollo final de la historia humana que está en manos del Cordero (cf. Ap 5.5).[2] En el desarrollo de la historia, nuestro pasaje señala el *castigo* sobre *Babilonia*, la *gran ciudad*, la *gran fornicaria* (cf. caps. 17 y 19). Se trata de una composición con fuertes denuncias de matiz económico hacia el Imperio romano y sus socios.[3]

El pasaje de 18.1–19.10 está compuesto por varias escenas que fueron reunidas por el autor (vv. 18.1–3, 4–8, 9–10, 11–17a, 17b–19, 21–23, más dos versículos aislados, 20 y 24, y 19.1–8, más vv. 9 y 10).[4] La secuencia cronológica no es del todo coherente. Los tiempos verbales pasan por el aoristo, el presente y el futuro, haciéndose difícil reconocer la secuencia de los acontecimientos. Del mismo modo, los actores no siempre pueden ser definidos con claridad. En cuanto a quienes emiten los mensajes, se puede presumir que se trata de ángeles comisionados por Dios,[5] aunque en 19.1–10 parecen sumarse las voces de los mártires, quienes festejan la llegada del juicio divino y la respuesta en su petición en 6.9–11.[6] En su estado actual, y siguiendo el análisis estructural, podemos decir que este texto está organizado de forma concéntrica de la siguiente manera:

---

2 "El medio más importante de representación en los apocalipsis es el relato mismo. Los autores relatan en la forma 'yo' lo que *ven*. En algunos casos inclusive en visiones oníricas en las que se les ordena develar los secretos ocultos en los cielos y en las que se resuelve la suerte futura de la humanidad. Es una característica fundamental de la apocalíptica que el curso de los acontecimientos y fenómenos del futuro ya existen en la actualidad en el cielo, y que paso a paso se irán realizando también en la tierra", J. Roloff, *Die Offenbarung de Johannes*, Theologischer Verlag Zürich, Zürich, 1984, p. 12.

3 El foco económico de este pasaje lo han señalado, E. Arens y M. Mateos, *Apocalipsis. La fuerza de la esperanza*, CEPS, Lima, 2000, pp. 345–350; J. Stam, *Apocalipsis 17–22*, Tomo IV, Ediciones. Kairós, Buenos Aires, 2014; entre otros. Para quienes quieren profundizar en el tema, recomiendo la lectura de J. Nelson Kraybill, *Imperial Cult and Commerce in John's Apocalypse*, Sheffield Press, Sheffield, 1996.

4 Ver las observaciones que hace A. Yarbro Collins, *The Apocalypse*, The Liturgical Press, Minnesota, 1990, pp. 122–126.

5 A. Yarbro Collins, *Crisis and Catharsis. The Power of the Apocalypse*, The Westminster Press, Filadelfia, 1984, pp. 116–121.

6 En el desarrollo narrativo del texto se puede ver en la apertura de estos sellos el desarrollo de la historia designado por Dios donde las problemáticas de los primeros capítulos del libro (p. ej., 6,9–11) son resueltas en los últimos capítulos por el obrar divino. La "multitud" son seres humanos, no ángeles (cf. Ap 9.9; 17.15) cuyo testimonio de vida lo evidencia la vestimenta blanca, que señala su fidelidad y dignidad (cf. Ap 3.5; 4.4; 7.9, 14).

A   18.1-2: un ángel del cielo grita la sentencia con la ciudad
  B   a   18.3a: reyes de la tierra
       b   18.3b: mercaderes de la tierra
       X   18.4-8: otra voz: ¡Salgan de ella pueblo mío!
  B'   a   18.9-10: reyes de la tierra
       b   18.11-20: mercaderes marítimos y navegantes
A'   18.21-19.10: un ángel poderoso menciona el castigo a la ciudad y
     los mártires festejan el nuevo tiempo.

Como es sabido, era común en Medio Oriente organizar los textos de esta manera. Es decir, poner el tema principal o la enseñanza principal en el centro de la estructura. De este modo, podemos advertir que 18.4-8 representa el centro del pasaje de la convocatoria al pueblo de Dios a salir de Roma. Este punto se tratará más adelante; cabe ahora sólo señalar la importancia de este llamado a "salir" en un contexto de injusticia y gran corrupción sociopolítica.

Género literario

Reconocer el género literario nos dará buenas claves para comprender el lenguaje usado y la profundidad de su mensaje. Se discute entre los investigadores la naturaleza y el objetivo de este texto a la luz del libro. No se debe perder de vista que es una visión. "Ver" este castigo sobre *la gran ciudad* anticipa desde la experiencia la realidad de este hecho. El hecho de que sea una visión no solamente expresa el carácter divino del mensaje —por su procedencia—, sino que también involucra al lector/oyente vivencialmente en una experiencia anticipada de justicia y redención (cf. Ap 1.3). El género apocalíptico tiene este poder convocatorio. Desde la creatividad y la imaginación nos anticipa nuevas realidades para comprometernos a coparticipar con Dios en lo que vendrá.[7] No solamente genera una resistencia, sino que también forja una nueva realidad. En este sentido, y como es característico del género literario apocalíptico, su mensaje político y económico critica duramente al Imperio romano, a su organización y a las ideologías que

---

[7] "No hay simplemente un 'análisis de la realidad' leído desde las víctimas —lo cual es cierto—, sino que hay una revelación del análisis de la realidad leído desde la voluntad de Dios y su identificación con el sufriente y el testigo que se origina en Dios mismo", N. Míguez, "Juan en Patmos, el visionario y su visión", RIBLA 34 (1999), p. 36.

lo sustentan,[8] pero también exhorta al oyente a considerar que dicha crítica está sustentada en prácticas históricas de justicia, y promueve la vida plena de quienes más sufren los estragos de la corrupción,[9] aunque esto no sea posible sin oposición.

Esta visión presenta a varios ángeles que proclaman una elegía —cargada de sarcasmos— sobre la caída de *la gran Babilonia*, la cual representa a Roma. En esta elegía se describe la destrucción de la ciudad, el lamento de quienes formaron parte de sus excesos y se enriquecieron en su sistema,[10] pero también se convoca a "salir" de ella. Por esta razón, el festejo de Apocalipsis 19.1–10 es poderoso en términos retóricos, no meramente por lo que se festeja, sino por quienes celebran: aquellos que se resistieron al sistema romano por la fidelidad hacia el Cordero (Ap 19.2, 5, 7; cf. Ap 3.4; 14.3–5).

Análisis del texto

El análisis del texto nos muestra varias oposiciones.[11] Señalaré dos que me parecen importantes para profundizar nuestro tema. La primera es la siguiente:

---

8 "Los grupos apocalípticos surgen como una forma de protesta, y a veces de resistencia, frente a un sistema opresor catalizador del poder, ideológicamente discriminador, religiosamente monopólico, etc., que de hecho los margina", J. S. Croatto, "Apocalíptica y esperanza de los oprimidos (Contexto socio-político y cultural del género apocalíptico)", RIBLA 7 (1990), p. 12. Con relación al mensaje político del capítulo 18 léase E. Schüssler Fiorenza, "Babylon the Great: A Rethorical-Political Reading of Revelation 17–18", en *The Reality of Apocalypse*, edit. D. Barr, Brill Press, Leiden, 2006, pp. 243–269.

9 ¿Será este discurso antiimperial lo que dificultó el ingreso del Apocalipsis de Juan al Canon cristiano en tiempos en los que la iglesia comenzaba a influir en y ser influida por Roma? En su artículo, Michael Kruger (http://michaeljkruger.com/the-book-of-revelation-how-difficult-was-its-journey-into-the-canon/) ignora este hecho atribuyéndolo a meros conflictos "doctrinales", pero no aborda tales doctrinas desde sus perspectivas políticas y económicas. Por otro lado, ver el trabajo de D. L. Dungan, *Constantine's Bible. Politics and the Making of the New Testament*, SCM Press, Londres, 2006.

10 Ver la discusión al respecto en A. Yarbro Collins, "Revelation 18: Taunt-Song or Dirge?", en *L'Apocalypse johannique et l'Apocalyptique dans le Nouveau Testament*, edit. J. Lambrecht, Leuven University Press, Leuven, 1980, pp. 185–204.

11 "La semiótica parte de la afirmación [de] que el espíritu humano funciona sobre la base de una lógica binaria por oposición: sí - no, positivo - negativo, alto - bajo, adentro - afuera, abierto - cerrado, particular - universal. Captamos sentidos sólo a partir de diferencias y oposiciones. Cada enunciado evoca consciente o inconscientemente su oposición u opuesto que lógicamente varía según el contexto en el que figura un determinado término", R. Krüger, *Análisis semiótico de la Biblia*, ISEAT, La Paz, 2003, pp. 9–10.

Mi pueblo	Ella - Babilonia - la gran ciudad - fornicaria

Se ve aquí una relación de oposición entre campo y la ciudad, pequeñas poblaciones y megapoblaciones, debilidad y poder, cultura perisférica y cultura dominante y central, comunidad y masa. La segunda oposición es locativa y de movimiento-dirección:

Cerca	Lejos - dentro - de afuera hacia adentro

A los seguidores del Cordero se les pide alejarse, salir. Los reyes y mercaderes terrestres y marítimos vienen de afuera, y se acercan a la ciudad en la cual coparticipan de su sistema injusto. Sin embargo, en el momento de la destrucción de la ciudad se mantienen distantes, no se involucran con su desgracia. Trabajaré ambas oposiciones en el siguiente punto:

Mi pueblo, cerca	Ella, Babilonia, la gran ciudad, la fornicaria, lejos, dentro, de afuera hacia adentro

La denominación *mi pueblo* (cf. Ap 21.3) está en clara oposición a *la gran ciudad*, particularmente, a aquellos que coparticipan de "sus pecados" (cf. Ap 18.3–5). En el Apocalipsis de Juan, los seguidores de Jesús son llamados a ser fieles testigos del Cordero hasta las últimas consecuencias, inclusive la muerte (cf. 1.9: "... su hermano y compañero en la tribulación, el reino y la perseverancia en Jesús").[12] Este Cordero es identificado como aquel Testigo Fiel, un Cordero degollado que por su lealtad y perseverancia fue resucitado y reina sobre las naciones.[13] Así, *mi pueblo* designa a los seguidores cuya pertenencia al pueblo no está circunscripta al linaje sanguíneo —condición poderosa de pertenencia a la ciudad o nación en aquella época y regiones—, sino a la voluntad de ser parte de él. En el caso de la iglesia de Roma, sabemos que el pueblo estuvo conformado, en su mayoría, por pobres, extranjeros, mujeres y niños, esclavos que sirven y trabajan dentro del sistema económico y político romano.[14] Esta experiencia fue común

---

[12] Cf. J. J. Barreda Toscano, "Discernimiento espiritual en el profetismo: El testimonio de 'Juan' en el Apocalipsis", en *Diálogos de Vida*, FTL-Kairós, Buenos Aires, 2006, pp. 114–122.

[13] J. J. Barreda Toscano, *Una lectura cristológica del Apocalipsis de Juan*, IRET, Buenos Aires, 1997, pp. 35–38.

[14] La composición socioeconómica de la iglesia en Roma en el siglo I ha sido estudiada por P. Lampe, *From Paul to Valentinus. Christians at Rome in the First Two Centuries*, Fortress Press, Minneapolis, 2003. Lampe señala que la mayoría de ellos eran pobres, *plerique pauperes*, y que el grupo lo conformaba un buen grupo de siervos, esclavos,

a las demás iglesias del Imperio, y por ello no es un detalle menor. En efecto, se trata de comunidades voluntarias que se constituyeron en espacios de pertenencia e identidad entre personas de diversas etnias, pueblos y lenguas, todas ellas con el elemento común de ser seguidoras del Cordero (cf. Ap 5.9; 7.9; 10.11; 13.7; 14.6; cf. 17.15).

Es sabido, por los mismos autores de la época, que el sistema económico y comercial de Roma en el siglo i d. C. fue grandemente corrupto. Esta corrupción afectó incluso a los mismos ciudadanos o socios directos del Imperio. Se conoce, por ejemplo, que las élites sociales no vacilaron en despojar al campesinado italiano de sus tierras, ya sea por la compra ilícita y usurera, debido a los altos impuestos que no podían pagar, o bien, por el uso de la violencia. Los dos medios principales para obtener riqueza estaban relacionados con el comercio y la agricultura. Así, muchas familias senatoriales se apropiaron de grandes extensiones de tierras para lograr poder.[15] La facilidad para adquirir esclavos provenientes de los pueblos conquistados se tradujo en mano de obra barata, lo cual generó, a su vez, el despojo laboral de muchos campesinos que terminaron sufriendo graves situaciones de pobreza. Las tierras que antes sostenían a cientos de personas, pasaron a ser trabajadas por unos pocos esclavos en condiciones inhumanas. Muchos campesinos emigraron a las ciudades, donde ofrecieron sus servicios bajo condiciones serviles para poder subsistir. Se dio una suerte de "romanización", en la que muchos tuvieron que adaptarse al sistema económico romano y a las relaciones sociales que la ciudad imponía. Esta "romanización" generó la cosificación de la vida humana. Lo mismo ocurrió en otras ciudades que, al estar bajo la influencia del Imperio romano, adoptaron su organización y su ideología.[16]

En Apocalipsis 18.1–19.10, *mi pueblo* y *la gran ciudad* designan realidades sociopolíticas comprometidas intrínsecamente entre sí. El texto parece jugar con los términos griegos *laos* (pueblo) y *polis* (ciudad). A *laos* se lo designa como perteneciente a Dios ("mi pueblo",

---

extranjeros en conformidad con lo que sucedía en la mayoría de la población, que era también pobre (cf. pp. 138–150).

[15] J. Guillén, *Urbs Roma. Vida y costumbres de los romanos*, tomo iv *Constitución y desarrollo de la sociedad*, Ediciones Sígueme, Salamanca, 2000, pp. 131–195.

[16] Véase el excelente trabajo de N. Morley, *Metropolis and Hinterland. The City of Rome and the Italian Economy 200 B.C. - A.D. 200*, Cambridge University Press, Cambridge, 2002 (especialmente las pp. 83–107, 159–185); y la obra de M. Rostovtzeff, *Historia social y económica del Imperio Romano*, tomo ii, Espasa Calpe, Madrid, 1962, pp. 178–244.

v. 4), mientras que a *polis,* antecedido por el adjetivo "gran" (v. 10, cf. "Babilonia, la grande", en 18.2), se la designa como pecadora, *fornicaria* (Ap 19.2; cf. 18.3, 9).[17] Estos dos términos y expresiones parecen describir una realidad socioeconómica en la cual se expresa un hecho religioso. La *polis* es grande, poderosa, rica, mientras que el *laos* está dentro de ella. Es decir, es posible que muchos —no todos ni excluyentemente— de los que conforman *mi pueblo* procedan del campo, o bien, estén sufriendo padecimientos similares a los campesinos arrastrados a *la gran ciudad.* Se trataría mayoritariamente del pueblo conformado por trabajadores, artesanos organizados en gremios (zapateros, herreros, alfareros, peluqueros, orfebres, peleteros, constructores, etc.), de extranjeros, de esclavos, que buscan salir de las condiciones de extrema pobreza y de deterioro y, sin embargo, están inmersos en *la gran ciudad* como mano de obra, servidumbre, artesanos y esclavos que subsisten en la maquinaria que posibilita la existencia de este Imperio. Los grados de responsabilidad y las posibilidades de salir de este sistema por parte de estos grupos sociales y económicos son mucho menores que los de aquellos "reyes", "mercaderes" y "capitanes" o "ciudadanos" y élites sociales que los han adquirido como esclavos o los usan para sus servicios. En Apocalipsis 18.1–19.10 se expresa la codicia en el comercio en términos eróticos y desenfrenados, tanto por parte de *la gran ciudad* como de los comerciantes y habitantes que participan en su sistema.

Debe decirse que la corrupción no se ejerce ni se desarrolla de forma uniforme en este sistema, como tampoco sucede en cualquier otro. En las relaciones de poder establecidas, son mayormente los sectores más vulnerables los que más sufren la corrupción, ya sea porque se los utiliza como "instrumentos" o aparentes beneficiarios —en el mejor de los casos como clientes— o porque puede que hasta sean

---

[17] Esta última imagen bien merece un trabajo hermenéutico de deconstrucción que, lamentablemente por la extensión, no podemos desarrollar aquí. Imágenes despectivas hacia la mujer en este y otros textos reflejan buena parte de las creencias de la época respecto a la esencia de la mujer. Sin embargo, y en vista al llamado divino a seguir creciendo en el discernimiento del evangelio (cf. Jn 14.12), necesitamos romper esos estereotipos, denunciar aquellos que los siguen y desarrollar nuevas metáforas que no sirvan para la discriminación y el menosprecio de la otra o el otro. En buena medida, la corrupción también se da a partir de discursos legitimadores de ella, en espacios cristianos, como producto de una exégesis y hermenéuticas bíblicas que sirven de instrumentos de corrupción de las enseñanzas esenciales del evangelio, como lo son de justicia y paridad de derechos entre los seres humanos.

estigmatizados como "los" corruptos, como aquellos que realizan las más degradantes labores, los delincuentes —no sin responsabilidades personales—, como las "prostituidas o los prostituidos" al ser usados como mercancía de placer.[18] Ignorar esta dinámica de relaciones puede revictimizar a las víctimas, como de hecho sucede en algunas interpretaciones bíblicas en las que se ignora las relaciones de poder y corrupción, y se imponen demandas éticas a quienes viven situaciones extremas en un sistema que estructuralmente los degrada.

Así, *mi pueblo* no está del todo exento de los pecados de *la gran ciudad*, por lo que "salir" de ella representa un llamado a revisar prácticas e ideologías dentro del mismo pueblo de Dios (cf. Ap 18.4: "... para que no *sigan participando* —gr. participio aoristo— de sus pecados"). En efecto, los mecanismos que desarrolla la corrupción involucran sistémicamente todos los estratos sociales. Nos encontramos, entonces, con algunos aspectos para resaltar. Por un lado, *mi pueblo* está expuesto al sufrimiento en una sociedad que estructuralmente se halla enraizada en la legitimación de la desigualdad social. Esto implica el abuso del poder, el uso de las vidas humanas como herramientas de producción económica embebidas en el despojo, y la acumulación "lujuriosa" de riquezas (cf. Ap 18.16-17, 21-24). Por otro lado, el poder de la estructura de la corrupción involucra a este *pueblo* a tal punto que "salir" de *la gran ciudad* resulta mucho más complejo para éste. En vista de ello, el llamado que se le hace con un imperativo representa una exhortación que afirma su capacidad de lograrlo aun tomando en cuenta la complejidad de su condición. Las posibilidades de esta salida no descansan meramente en su fuerza de voluntad o en una decisión individual; es un llamado colectivo. Además, y es muy importante observarlo, las posibilidades de salir están directamente ligadas a su cercanía a Dios, a ser *su* pueblo. Por ello, precisamente, en la solidaridad, en la comunión de pares, en la organización basada en el poder y las enseñanzas del Cordero, este llamado se convierte en

---

[18] Véase C. Osiek y M. MacDonald, "Female Slaves: Twice Vulnerable", en *A Woman's Place. House Churches in Earliest Christianity*, Fortress, Minneapolis, 2006, pp. 95-117. Con excepciones en ciertas familias que observaban filosofías que ponderaban el dominio propio, las esclavas y esclavos fueron vistos como objeto de uso sexual. La "prostitución", si puede llamarse de esta manera, parece haber sido parte de los oficios destinados a esclavas, especialmente, cuyo trabajo no se circunscribió, por ejemplo, a las casas de familia. En este sentido, debe advertirse que quienes sufrieron más la corrupción dentro del sistema romano fueron las mujeres.

una posibilidad. Aquí nos encontramos con una propuesta que supera el mero llamado a la "resistencia". Se propone la creación de nuevas y viables realidades desde prácticas políticas, sociales, económicas y religiosas en el seguimiento a Jesús. Volveré a este punto más adelante.

Es importante recalcar que, en el pasaje estudiado, el estar *cerca* de Dios y el conformarse como *mi pueblo* implica distanciarse del sistema imperial como tal. La corrupción, desde esta perspectiva, no tiene que ver con transgredir las leyes establecidas, sino con "cumplirlas".[19] Por otro lado, es seguro que *mi pueblo*, por las relaciones de hermandad que estableció entre personas de diversas etnias, por empezar a salir de las relaciones esclavistas,[20] por desarrollar economías basadas en la solidaridad y la colaboración,[21] entre otras prácticas, fue catalogado como una comunidad "corrupta". *Mi pueblo* transgredió leyes, explícitas e implícitas; en muchos aspectos rompió con el *statu quo imperial* que lograba la *pax romana* (Ap 19.2).

Por los mensajes a las iglesias en los capítulos 2 y 3 sabemos que no todos los cristianos tuvieron las mismas opiniones respecto de su relación con el Imperio.[22] Se puede pensar que hubo cristianos que

---

[19] Esta propuesta es clara en el Apocalipsis de Juan en contraposición a aquella que conocemos en Romanos 13. Cf. el estudio de N. Elliott, "Romanos 13.1–7 no contexto da propaganda imperial", en *Paulo e o império*, edit. R. Horsley, Paulus, San Pablo, 2004, pp. 184–202. Véase el capítulo de Lindy Scott en este libro que habla respecto a la "desobediencia civil".

[20] Son varios los historiadores que han visto al cristianismo primitivo como tolerante y, en otros casos, inclusive como legitimador de la esclavitud (p. ej., G. E. M. de Ste. Croix, *La lucha de clases en el mundo griego antiguo*, Editorial Crítica, Barcelona, 1988, pp. 488–514. Sin embargo, los análisis de los textos neotestamentarios de dichos historiadores suelen tener varios problemas metodológicos. Lo cierto es que parecen haber convivido varias posturas entre las "razones naturales" para la esclavitud y el derecho a la libertad de todos los seres humanos. Se sabe que ya en el siglo II d. C. algunas iglesias de Asia Menor usaban sus fondos para la manumisión de esclavos, lo que reflejaba un rechazo hacia tal condición. Véase R. Horsley, "Paul and Slavery: A Critical Alternative to Recent Reading", en *Slavery in Text and Interpretation*, Semeia 83/84, SBL, Atlanta, 1998, pp. 153–201.

[21] La crítica contra los excesos y la riqueza de Roma son notorios en el Apocalipsis de Juan, Yabro Collins, *Crisis and Catharsis*, pp. 132–134.

[22] Por los mensajes a las iglesias-pastores debemos advertir que todas las comunidades cristianas de Asia Menor no compartían la mirada de "Juan" sobre Roma y el sistema imperial, y que había divisiones internas por el tema de la relación con el imperio ("Jesabel", el "profeta de Balaam", los "Nicolaítas", entre otros). Es un enfrentamiento entre profetas y entre diferentes visiones de la postura que debían tener el cristiano en el Imperio romano. Es posible que buena parte de la iglesia no siguiera las perspectivas de "Juan", R. J. Bauckham, "The Economic Critique of Rome in Revelation 18", en *Images of Empire*, edit. L. Alexander, Sheffield Press, Sheffield, 1991, pp. 47–90.

"salieron" y formaron nuevos *laos*, aunque no hay certezas de que ya existieran experiencias concretas en aquellas épocas tan tempranas del cristianismo. En muchos aspectos, el surgimiento y desarrollo de *mi pueblo* se realizó dentro de *la gran ciudad*. Por ello, para ser fieles al Cordero, sus seguidores desarrollaron relaciones económicas, sociales y políticas que contradijeron e, incluso, enfrentaron al sistema romano "puertas adentro". No cabe duda de que esta fue una de las razones principales por la cual los cristianos vivieron en un clima de hostilidad. Más adelante, este clima hostil se convirtió abiertamente en la persecución de quienes fueron fieles a las enseñanzas del Cordero.

Mi pueblo, conformado mayoritariamente por quienes no tenían mayores posibilidades de evitar participar en las prácticas corruptas de *la gran ciudad*, debió repensar un sentido de la ética, del seguimiento de Jesús y de sus implicancias históricas. Posiblemente, algunas personas encontraron una alternativa en poner en práctica un cierto dualismo ético-ontológico. Es decir, separaron las vivencias del "cuerpo" de aquello que realmente cultivaron como libertad en el "alma"/"espíritu".[23] Esta dualidad pudo haber sido una alternativa para quienes no tenían la opción de manejar sus destinos, sino que tuvieron que coparticipar de actividades y de estructuras de las cuales no podían salir. Solamente en su interior pudieron encontrar un "lugar", un *estar cerca* de Dios y serle fieles.[24]

También debe observarse que la radicalidad ética del Apocalipsis surge de su sentido de estar viviendo en los últimos tiempos de este *eón* (era/tiempo). Como señalé antes, su teología del testimonio, *martirio*, marcará el llamado al seguimiento de Jesús hasta perder la vida por ello, si fuere necesario.[25] En este sentido, el llamado a "salir" *de ella* y a

---

[23] Por ejemplo, C. Osiek, "Female Slaves, *Porneia*, and the Limits of Obedience", en *Early Christian Families in Context. An Interdisciplinary Dialogue*, Eerdmans, Grand Rapids, 2003, pp. 255–275, plantea el lugar de la esclava y sus opciones éticas al no poder elegir sobre su cuerpo. Los textos de la época reflejan tensiones en cómo evaluar tal situación. Se cree que se "toleró" tales situaciones en cuanto no sucedieran por voluntad propia. Igualmente, queda plantearse, ¿qué será tomar "decisiones propias" en situaciones de esclavitud? La situación de las esclavas era, realmente, muy dolorosa e injusta.

[24] Una buena síntesis sobre la relación del cuerpo con la ética cristiana en los diversos grupos y perspectivas del cristianismo primitivo la hace W. A. Meeks, *As Origens da Moralidade Cristã os dois Primeiros Séculos*, Paulus, San Pablo, 1997, pp. 130–148.

[25] Véase, M. Reddish, "Martyr Christology in the Apocalypse", *Journal for the Study of New Testament 33* (1988), pp. 85–95, y J. J. Barreda, "El discernimiento espiritual en el profetismo. El testimonio de "Juan" en el Apocalipsis, en *Diálogos de vida*, Buenos

"estar cerca" de Dios se refiere, básicamente, a un acto espacio-corporal, y no solamente ideológico o religioso. Es un llamado a la ruptura y la construcción de comunidades, geográficamente hablando, fuera de *la gran ciudad*. Esto nos debe hacer reflexionar sobre la viabilidad de dicha convocatoria y sus implicancias, y desde qué "lugar" se llevó adelante y cómo se articuló. ¿Por qué es importante mencionar esto? ¿Cómo podría salir el esclavo en un sistema controlador que seguramente lo hubiese asesinado en el caso de capturarlo? ¿Cómo podría tomar esta decisión, tomando en cuenta el gran riesgo al que expone a los familiares, en caso de que se le hubiera permitido tenerlos consigo? ¿Cómo "saldría" la esposa en una sociedad patriarcal que la somete a su marido? ¿Cómo las sirvientas y campesinas sin tierra podrían sobrevivir sin tener los medios de producción necesarios? ¿Y el niño o la niña? ¿Y el extranjero sin ciudadanía ni derechos? ¿Cómo podrían sobrevivir desobedeciendo a sus amos y patrones? Por otro lado, *mi pueblo* ha coparticipado de diferentes maneras de *la gran ciudad*. No saldrá de ella con sólo distanciarse geográficamente. La ciudad es poderosa (*gran*), ha atravesado a todos con sus ideologías, grabó en sus cuerpos historias que serán difíciles de dejar (degradación, enfermedades, abusos sexuales, maltratos cotidianos, mutilaciones, odios, estilos de vida, perspectivas teológicas). *Mi pueblo* no es impoluto, y "salir" será un trabajo que solamente será posible estando *cerca* de Dios, *perteneciéndole*, rehaciendo la vida. Esto conlleva la creación de nuevas realidades que saneen al pueblo, que iluminen esperanzas.

Para algunos exégetas reconocidos, este llamado a "salir" es simbólico, pues convoca a no participar del sistema imperial de manera radical,[26] pero no veo razones para pensarlo de manera exclusiva. Un punto central en esta convocatoria a "salir" es el hecho de que es el mismo Dios quien los llama, es quien ha sentenciado a *la gran ciudad* a su destrucción. La exhortación a "salir" no está ligada principalmente a no contaminarse con los pecados de *la gran ciudad*, sino a librarse de las repercusiones que traerá la destrucción de la ciudad por parte de Dios. En el ejercicio de este salir está el conformar un pueblo, el pueblo de Dios. Este llamado no busca responsabilizar a quienes vienen sufriendo la servidumbre y los despojos de sus personas. No se les carga de culpa

---

Aires, Kairós, 2006, pp.122–126.
26 Por ejemplo, P. Richard, *Apocalipsis. Reconstrucción de la esperanza*, DEI, Costa Rica, 1994, p. 167; Stam, *Apocalipsis*, tomo IV, p. 91.

dentro de las pesadas cargas que ya llevan en sus espaldas. Dios va a destruir la "ciudad", y este hecho posibilitará la salida de su pueblo. Entonces, el peso de la "salida" no recae primeramente en las víctimas del sistema, sino en el justo obrar de Dios en favor de ellas ("¡Alégrense también ustedes, santos, apóstoles y profetas!, porque Dios, al juzgarla, les ha hecho justicia a ustedes", Ap 18.20). Este punto es central para comprender la base de las esperanzas que presenta el Apocalipsis a quienes sufren la corrupción.

Reflexiones finales

Dos mil años después, una interpretación éticamente viable no puede ignorar que el llamado a "salir" de la corrupción debe estar acompañado del trabajo por acabar con el sistema que corrompe y despoja de los derechos, especialmente, a los más vulnerables. En lo personal, considero poco ético señalar de pecaminosas, sin más ni más, a quienes no quieren exponer el futuro de sus personas y seres cercanos en aspectos más esenciales de la vida: salud, techo, alimentación, trabajo digno, entre otros. Debemos cuidar el llamado a "salir" cuando esto los exponga a una muerte sin martirio (testimonio de vida). Esto no hará sino revictimizar a las víctimas. El llamado a "salir" será éticamente viable si con éste viene la creación de *pueblos de Dios*.[27] Si no hay un compromiso y si no existen condiciones esperanzadoras para vivir de otra manera, el llamado a "salir" carecerá de un sentido vivificante, nos expondrá a más padecimientos y, peor aún, nos expondrá al descrédito del mensaje cristiano, que pecará de insensible e ingenuo. El costo para los más pobres y vulnerables de salir de las prácticas y condiciones de corrupción será muy alto, los expondrá a más sufrimiento si no trabajamos juntos por construir alternativas de vida. Precisaremos hermanarnos, discernir y denunciar la corrupción, y crear espacios alternativos en dependencia de Dios y desde las fisuras del sistema corrupto. Respecto a esto último, debemos confesar que tenemos una

---

[27] Hace unos años, Néstor Míguez, reflexionando sobre pasar de la *democracia* a una *laocracia*, preguntaba: "¿Hasta dónde estamos dispuestos a llegar: a ser buenos denunciadores o algo más? ¿Podemos tener también capacidad de ejecutar, gestionar y por lo tanto, necesariamente, de negociar y ceder? ¿O para nosotros negociar es siempre claudicar? En definitiva, cómo tener estrategias que no sólo sean reactivas y resistentes, sino también propositivas y de largo plazo". Citado en https://oimts.files. wordpress.com/2013/09/2013-3-oviedo-spanish.pdf, p. 12.

gran deuda con el mundo del que formamos parte. A pesar de los testimonios de aquellos que vienen trabajando por una sociedad más justa, la iglesia evangélica en general ha sido hostil —y no meramente "neutral" o "indiferente"— a estas iniciativas.[28]

Quisiera animar a pensar por un momento en algo que señalé antes y que creo pertinente volverlo a mencionar. Se trata de plantearnos si en un sistema corrupto podremos ser fieles a Dios y no ser tildados de "corruptos" por transgredir ciertas leyes injustas. Si el *statu quo* legitima leyes que, por ejemplo, discriminan a la mujer, o que, en su falta de cumplimiento, se muestra inoperante ante tantas situaciones de injusticia de los pueblos aborígenes, o bien, si nos encontramos con leyes que benefician a las élites sociales y pone trabas a quienes no ostentan el poder para que se les haga justicia, ¿no debemos ser "corruptos" en tal sistema? ¿Nos animaremos, al menos, a hacernos este planteamiento? La ética evangélica ha pecado de ser muy legalista y afín al *establishment*. Una ética personal que no considera las dinámicas sociales de las cuales se forma parte puede ser también "corrupta", y puede corromper las enseñanzas esenciales del evangelio. Si cierto legalismo ético no comprende los padecimientos de quienes sufren del pecado estructural, pronto, por ejemplo, se encontrará criticando al vendedor ambulante que sale a ganarse la vida lo más dignamente posible en un país plagado de corrupción estructural, lo cargará de culpas, y si esta persona presta atención a tales demandas éticas, dejará dicha labor exponiéndose, posiblemente, a situaciones de mucha pobreza. Ya de por sí sufrimos las secuelas de ser expropiados de nuestros derechos, ¿y ahora debemos aceptar el peso de perspectivas éticas ingenuas, voluntaristas y ajenas a la complejidad de la vida que llevamos?

Dicho esto, expreso mi convencimiento de que "salir", en muchos sentidos, nos hará parecer como "corruptos" dentro del sistema vigente. ¿Qué haremos? ¿Seremos tibios y jugaremos al juego del "equilibrio" con un pie en *Babilonia* y otro en *la nueva Jerusalén*? ¿Podremos dejar la seguridad del *statu quo* y nos atreveremos a "salir"? ¡Ánimo! Muchos ya lo vienen haciendo. Podemos empezar por no buscar el patronazgo

---

[28] Recomiendo el capítulo de Vilma "Nina" Valmaceda. Si bien es cierto que, como ella misma afirma, su estudio no abarca a todo el mundo evangélico, personalmente creo que refleja en gran medida la realidad del desentendimiento y, deberíamos decir: oposición, de grandes sectores del pueblo evangélico hacia el trabajo por la justicia y la lucha anticorrupción.

de organizaciones ni seguir métodos que nos lleven a la esclavitud. La esclavitud por la que se opta fomenta la corrupción. Puertas para adentro, tenemos la responsabilidad de "salir" en lo posible, de tomar distancia de expresiones clientelares del desarrollo de poder. Ser *mi pueblo* es un llamado socioeconómico que no podrá asumirse desde la mera suma de individualidades. Necesitaremos revisar muchas cosas, como lo tuvieron que hacer aquellos seguidores del Cordero en el Apocalipsis. Tengo la impresión —y lo digo con cautela— que ser *mi pueblo* es un llamado a poner a disposición el cuerpo dolido, a animarnos unos a otros a confiar. "Salir" significará arriesgar ciertas libertades, recrear relaciones sociales y económicas en las que, posiblemente, no nos sintamos seguros como antes. Al intentarlo, algunos descubriremos que no hemos salido de *la gran ciudad* del todo. Es posible que otros descubramos que nuestras historias de vidas dañadas están "vendadas" por la corrupción, pero tendremos la oportunidad de "salir" mientras esté vigente el llamado a hacerlo. Hay esperanza.

La autoridad convocante del Apocalipsis descansa en el Cordero degollado que fue resucitado, y que ahora está de pie en medio del trono (Ap 5.6). También se basa en la celebración de quienes fueron fieles al Cordero y le siguieron donde quiera que él fue (Ap 14.4; 19.1–10). En lo personal, me exhortan a aprender a orar: "¡Ven, Señor Jesús!" (Ap 22.20). He aquí a la puerta una nueva conversión.

Capítulo 6

Equidad

Compromiso ético-cristiano para la promoción de las relaciones justas

Jorge Henrique Barros

Introducción

¿Por qué una sociedad regulada por la ley y orientada por la justicia necesitaría de un tercer elemento: la *equidad*? Aaron Kirschenbaum dice: "Cualquier estudio sobre equidad está lleno de peligros".[1] Ésta es una alerta muy importante. Para entender lo complejo del tema quisiera que veamos las diferentes traducciones que conocemos sobre el término "equidad" en Colosenses 4.1: "Amos, proporcionen a sus esclavos lo que es justo y equitativo, conscientes de que ustedes también tienen un amo en el cielo". Las traducciones sobre el término "equitativo" son: derecho (NVI), ecuánime (LTT 2009), equidad (JFA-RA), equitativo (BJ), honestos (JFA-RC), amables (Viva), igualdad (Católica) y recto (RV ESP).

Etimología

En el Antiguo Testamento

En el Antiguo Testamento la palabra para "equidad" es *mêšār* (que viene de *yašar*), que significa: uniformidad (regularidad), rectitud, equidad. Esta palabra aparece diecinueve veces en el AT, con las siguientes derivaciones: *bəmêšārîm* (cuatro veces), *ləmêšārîm* (una

---

[1] A. Kirschenbaum, *Equity in Jewish Law: Beyond equity-Halakhic Aspirationism in Jewish Civil Law*, Ktav Pub, New Jersey, 1991, p. lxi.

vez), *mêšārîm* (once veces), *ūmêšārîm* (tres veces). Las traducciones para esas diecinueve veces fueron: equidad (ocho veces), arreglo pacífico (una vez), las cosas correctas (una vez), con razón (una vez), sinceridad (una vez), suave (una vez), suavemente (dos veces), las cosas que están bien (una vez), rectitud (una vez), rectamente (una vez), lo que es correcto (una vez). Éstas son las diecinueve referencias:

1. *Yo sé, mi Dios, que tú pruebas los corazones y amas la rectitud. Por eso, con* rectitud *de corazón te he ofrecido voluntariamente todas estas cosas, y he visto con júbilo que tu pueblo, aquí presente, te ha traído sus ofrendas* (1Cr 29.17).
2. *Juzgará al mundo con justicia; gobernará a los pueblos con* equidad (Sal 9.8).
3. *"Sé tú mi defensor, pues tus ojos ven lo que es* justo (Sal 17.2).
4. *¿Acaso ustedes, gobernantes, actúan con justicia, y juzgan con rectitud a los seres humanos?* (Sal 58.1).
5. *Cuando yo lo decida, juzgaré con* justicia" (Sal 75.2).
6. *"Que se diga entre las naciones: "¡El Señor es rey!". Ha establecido el mundo con firmeza; jamás será removido. Él juzga a los pueblos con* equidad" (Sal 96.10).
7. *Canten delante del Señor, que ya viene a juzgar la tierra. Y juzgará al mundo con justicia, a los pueblos con* equidad (Sal 98.9).
8. *Rey poderoso, que amas la justicia: tú has establecido la* equidad *y has actuado en Jacob con justicia y rectitud* (Sal 99.4).
9. *(Los Proverbios) para recibir la corrección que dan la prudencia, la rectitud, la justicia y la* equidad (Pr 1.3).
10. *Porque el Señor da la sabiduría; conocimiento y ciencia brotan de sus labios. Él reserva su ayuda para la gente íntegra y protege a los de conducta intachable. Él cuida el sendero de los justos y protege el camino de sus fieles. Entonces comprenderás la justicia y el derecho, la equidad y todo buen camino* (Pr 2.6–9).
11. *Escúchenme, que diré cosas importantes; mis labios hablarán con* justicia (Pr 8.6).
12. *Hijo mío, si tu corazón es sabio, también mi corazón se regocijará; en lo íntimo de mi ser me alegraré cuando tus labios hablen con* rectitud (Pr 23.16).
13. *No te fijes en lo rojo que es el vino, ni en cómo brilla en la copa, ni en la* suavidad *con que se desliza* (Pr 23.31).

14. *Atráeme; en pos de ti correremos. El rey me ha metido en sus cámaras; Nos gozaremos y alegraremos en ti; Nos acordaremos de tus amores más que del vino; Con* razón *te aman* (Cnt 1.4).

15. *Y tu paladar como el buen vino, Que se entra a mi amado* suavemente, *Y hace hablar los labios de los viejos* (Cnt 7.9).

16. *La senda del justo es* llana; *tú, que eres recto, allanas su camino* (Is 26.7).

17. *Sólo el que procede con justicia y habla con* rectitud, *el que rechaza la ganancia de la extorsión y se sacude las manos para no aceptar soborno, el que no presta oído a las conjuras de asesinato y cierra los ojos para no contemplar el mal* (Is 33.15–16).

18. *Desde ningún lugar de esta tierra tenebrosa les he hablado en secreto. Ni he dicho a los descendientes de Jacob: "Búsquenme en el vacío". Yo, el Señor, digo lo que es justo, y declaro lo que es* recto (Is 45.19).

19. *"El rey del sur cobrará fuerza, pero uno de sus comandantes se hará más fuerte que él, y con alarde de poder gobernará sobre su propio imperio. Pasados algunos años harán una* alianza: *la hija del rey del sur se casará con el rey del norte, y harán las paces, aunque ella no retendrá su poder, y el poder del rey tampoco durará. Ella será traicionada, junto con su escolta, su hijo y su esposo"* (Dn 11.5–6).

En el Nuevo Testamento

En el Nuevo Testamento la palabra griega para equidad es *epieikeía*, y aparece apenas dos veces. Una vez en Hechos 24.4, texto en el que Pablo le dice a Félix que, con base en su equidad, y aunque sabe que no está en la ley, le dé permiso de decir algunas palabras que le expliquen brevemente la situación. Otro texto es 2 Corintios 10.1, en el que lo relaciona con la benignidad. Entonces, la pregunta obvia es: ¿Qué es equidad? Pregunta obvia, ¡pero de respuesta complicadísima!

La vida cristiana implica nuestra participación en Cristo. El apóstol Juan afirma categóricamente:

> *En cambio, el amor de Dios se manifiesta plenamente en la vida del que obedece su palabra. De este modo sabemos que estamos unidos a él: el que afirma que permanece en él, debe vivir como él vivió* (1Jn 2.5–6).

Estar en Cristo es participar en donde él participa. "No hay participación en Cristo sin participación en su misión hacia el mundo.

Ése es el motivo por el cual la Iglesia existe y por el cual también le es dada su misión en el mundo".[2] Cada acción del cristiano debe ser una expresión de esa participación.

Estar en Cristo para participar en aquello que él participa implica "ser renovados en la actitud de la mente, ponerse el ropaje de la nueva naturaleza creada a imagen de Dios, en verdadera justicia y santidad" (Ef 4.23–24). Fuimos liberados "de la antigua manera de vivir" (Ef 4.22). Por ello, Pablo afirma con convicción: "… habiendo sido liberados del pecado, ahora son ustedes esclavos de la justicia" (Ro 6.18). ¡Nótese bien! El desafío es éste: "ser semejantes a Dios en justicia y en santidad, y convertirnos en esclavos de la justicia". Ahora somos guiados por el Espíritu Santo para expresar la justicia de Dios en nuestras vidas. Resulta central entender que ese proceso es el excelente camino de amor. Esto fue claramente lo que Jesús afirmó cuando respondió a la pregunta: "Maestro, ¿cuál es el mayor mandamiento de la Ley?". Él contestó diciendo:

> *Ama al Señor tu Dios con todo tu corazón, con todo tu ser y con toda tu mente". Éste es el primero y el más importante de los mandamientos. El segundo se parece a éste: "Ama a tu prójimo como a ti mismo". De estos dos mandamientos dependen toda la ley y los profetas.* (Mt 22.37–40)

Amar a Dios es el inicio de todo, y amar al prójimo necesariamente es consecuencia de eso. De estos dos mandamientos dependen toda la ley y los profetas. ¿Estaría Cristo restringiendo todas las enseñanzas de las Escrituras a esto? ¡No! Pero sí afirmando que cualquier instrucción sobre las Escrituras que conduzca a una vida santa y justa deberá ser dirigida por aquel amor expresado en esos dos grandes mandamientos. En su respuesta, Cristo está indicando que los requerimientos de la Ley y los Profetas son precisamente que cada uno ame a Dios y a su prójimo —como si dijera que el fundamento de la estructura de una vida santa y justa es el servicio a Dios y al prójimo—. Entonces, el concepto de equidad debe estar relacionado con ese camino del excelente amor.

---

[2] International Missionary Council, citado en J. A. Scherer, "Mission Theology", en *Toward the 21st Century in Christian Mission*, edits. J. M. Phillips and R. T. Coote, Eerdmans, Grand Rapids, 1993, pp. 194–195.

Equidad: la implementación del amor

En Mateo 7.12 encontramos la afirmación comúnmente llamada la Regla de Oro: "Así que en todo traten ustedes a los demás tal y como quieren que ellos los traten a ustedes. De hecho, esto es la Ley y los Profetas". "Equidad" es un sustantivo femenino de origen latín, *aequitas*, que significa igualdad, simetría, rectitud, imparcialidad, conformidad. Este concepto también revela el uso de la imparcialidad para reconocer el derecho de cada uno utilizando la equivalencia para ser iguales. La equidad adapta la regla para un determinado caso específico con el fin de hacerlo más justo. Equidad es la imparcial distribución de la justicia. Tal vez por eso Aristóteles dice:

> Pero existe un detalle que distingue al hombre simplemente justo del hombre equitativo. Ambos son justos, pues ser equitativo es ser justo, por lo tanto, el hombre equitativo incluye una exigencia mayor sobre su propio comportamiento: su deseo de ser perfectamente justo lo hace no querer correr el más mínimo riesgo de ser injusto, aun cuando todo pareciera indicar que ya fue hecha justicia.[3]

El filósofo Clodomiro Bannwart, en respuesta a una pregunta relacionada con el tema, me respondió lo siguiente:

> A pesar de que Aristóteles habló del término "equidad", como tantos otros de aquel entonces,[4] muchos señalan que fue el cristianismo el que colocó el tema en la agenda. La equidad para los griegos quedó limitada a los pocos ciudadanos que ejercían la ciudadanía. Por lo tanto, en ese contexto, "equidad" sería un concepto dependiente de una estructura política, de una forma de organización social, algo que, a mi manera de ver, se asemeja a la tradición hebraica con la idea de pueblo elegido: igualdad por pertenecer, no igualdad de hecho. El cristianismo retira al individuo de la plataforma política —localizada y limitada geográfica y culturalmente— para tratarlo en un plano universal. Por lo tanto, el término "equidad" gana así una importante resignificación. En la modernidad, una vez que la religión se retira hacía la esfera de la subjetividad, la noción de

---

[3] Aristóteles, *Ética a Nicómaco*, v.1137b–11381a
[4] Ciceron, Séneca, San Agustín, Tomás de Aquino, como también la Ley Romana.

equidad se pone en funcionamiento en la frontera dibujada entre el derecho y la política secular, en aquello que fue acordado como el Estado Democrático de Derecho.

Es así como la equidad es tratada tanto política como jurídicamente a partir de presupuestos morales seculares (condiciones de imparcialidad), mientras que la religión, por su carácter hermenéutico generador de una pluralidad de visiones, se ocupa de valores agregados en la capa hermenéutica de cada interpretación dada. La religión o, mejor dicho, las religiones no consiguen más que conferir un substrato de imparcialidad particular de la equidad. Aun así, a mi manera de ver, fue un elemento esencial del cristianismo —presupuesto en los Evangelios y en la visión de San Pablo— para diferenciarse de las dos tradiciones que lo antecedieron: la hebraica y la griega.[5]

Resulta muy significativo el reconocimiento de un filósofo al afirmar que la equidad tuvo una importante resignificación a partir de cristianismo. Entra aquí, entonces, aquel que vivió, actuó y difundió una nueva comprensión de equidad: Jesús de Nazaret.

La Regla de Oro

"Traten ustedes a los demás tal y como quieren que ellos los traten a ustedes".

Aequitas está contenida en la Regla de Oro. Aquí Cristo da a sus discípulos una regla del trato equitativo (*aequitatem*), así como una pequeña y simple definición de la "equidad". La Regla de Oro es la regla de la "equidad" (*aequitatis regulam*), la cual debería brillar en el corazón de todas las personas. La razón por la que esa regla de equidad es tan importante y Jesús da una definición que todos deberían recordar, es que esta Regla de Oro debe guiarnos en nuestro día a día en la implementación del segundo mandamiento: "amar al prójimo".

Jesús enseña a sus discípulos que la regla es para vivir de un modo correcto y justo (*recte at iuste*), cada uno ofreciendo al otro aquello que haría para sí mismo. Esto elimina toda pretensión vacía que se pueda

---

5   C. Bannwart, *Sobre equidade* (mensaje personal por *e-mail* el 8 de julio de 2014, a las 15:07 horas).

tener sobre sí mismo, o cualquier manera de querer disfrazar la injusticia (*iniustitatiam*). La perfecta equidad (*aequitatis*) reinaría entre nosotros si tuviésemos discípulos que cumplieran esto fielmente, lo cual podría denominarse como caridad activa (*de caritate*). Desdichadamente parece que somos astutamente pasivos en esta instrucción sobre la equidad.

La Regla de Oro resume la Ley y los Profetas porque todo lo que se enseña en ellos sobre la caridad, y todos los mandamientos y las exhortaciones encontradas allí son para promover equidad, todo debe ser relacionado con esa regla. Entonces, se cumple la segunda tabla del Decálogo si los seres humanos se aman unos a otros. Significa que amar al prójimo, como enseñan la Ley y los Profetas, se resume en la segunda tabla del Decálogo, está relacionada con el tema de la equidad, porque ésta proporciona las directrices para la implementación del amor en relación con los otros. Esa regla no permite que las personas hagan una distinción entre equidad para ellas mismas y equidad para las otras personas.

Calvino dice:

> La única razón para la existencia del reino del odio en este mundo, hombres antagónicamente contra otros en muchas causas, es que ellos con conocimiento y deseo dejan la equidad (*aequitatem*) debajo de sus pies, aun cuando cada hombre demanda para sí mismo su estricta aplicación. Cuando nuestra ventaja personal sobresale, ninguno de nosotros quiere tratar en detalle, capítulo y versículo, más bien, buscamos la extensión de nuestro propio derecho. Cada uno se muestra un académico preciso en el tratamiento de la equidad (*aequitatis*).[6]

¿Y esto por qué? Porque tendemos a ser muy expertos en relación con nuestros intereses, y poco en relación con los intereses de los otros.

Esta breve definición de equidad nos presenta a *aequitas* como una guía formal. Todo lo que la Ley y los Profetas nos enseñan sobre la caridad y la justicia en la segunda tabla del Decálogo debe estar relacionado con el tema de la equidad. Vivir en equidad es vivir los últimos seis mandamientos como manifestación de la justicia de Cristo. Como una ley interpretativa, ella direcciona a los cristianos

---

6 G. H. Haas, *The concept of equity in Calvin's ethics*, Paternoster Press, Cumbria, 1997, p. 50.

en conformidad con el patrón de Cristo, y en sus relaciones con sus compañeros humanos.

Señalo aquí, a modo de repaso, los últimos seis mandamientos (segunda tabla del Decálogo):

- No matarás (ni causarás cualquier otro daño, en el cuerpo o en el alma, a ti mismo ni al prójimo).
- No adulterarás.
- No robarás.
- No darás falso testimonio (ni de cualquier otro modo faltarás a la verdad o difamarás al prójimo).
- No desearás la mujer de tu prójimo.
- No codiciarás lo de tu prójimo.

Equidad y justicia

Como una regla que nos guía a amar al prójimo, la equidad está enteramente relacionada con la justicia. La segunda tabla del Decálogo nos convoca a vivir en justicia y equidad (*droiture et equite*) con nuestro prójimo, demostrando así que somos verdaderos hijos de Dios. La justicia y la equidad demandan que rindamos a quienes nos rodean lo que les pertenece, y que observemos la ley natural (*ceste équité de nature*) de no hacer a los demás lo que no queremos que nos hagan. La equidad y justicia no pueden ser separadas. La justicia (*iustiticia*), a la cual Dios nos llama (Tito 2.12: *Ella nos enseña a rechazar la impiedad y las pasiones mundanas. Así podremos vivir en este mundo con justicia, piedad y dominio propio [...]*), abraza todos los deberes de la equidad (*aequitatis*) para que cada uno sujete aquello que le es propio (*ut reddatur uniciuque quodi suum est*). Equidad es la regla que, cuando se la practica, asegura que todas las personas reciban justicia —aquello que justamente les pertenece—. Injusticia (*iniustiticiam*) es la violación de la justicia humana (*ius humanitatis*), donde cada uno recibe lo que le es debido (*quod suum est*). Lo que toda ley prohíbe podría ser resumido en una única prohibición: "No hagan ningún daño a su prójimo". "Equidad" es la guía que nos previene contra tal daño. Por ello, resulta fundamental para nosotros y para la iglesia trabajar en red por la reducción de las desigualdades sociales.

La equidad es, ante todo, una virtud[7] dentro del corazón cristiano, como una guía para la justicia de la vida social humana. Es así como debemos mostrarnos entre nosotros en un trato justo, siendo dóciles, amables y equitativos (*aequum*) los unos con los otros (*aequitatem*). La virtud de la equidad está necesariamente fundada en el amor al prójimo. Ella se manifiesta a sí misma dejándose ver, por ejemplo, en los conflictos que ocurren entre las personas en aquello que hace a sus deberes y derechos. La justicia, definida en términos de deberes y derechos, es insuficiente para la realización de resultados correctos y justos. Siempre existen situaciones en las cuales está en conflicto el derecho legítimo o en las que una persona tiene derechos y otras no, o en las cuales la aplicación del derecho legítimo puede resultar en una injusticia para quienes no tienen derechos. La equidad es necesaria para que haya verdadera justicia, ya que ella no sólo considera los derechos, sino que también se relaciona en concordancia con la Regla de Oro del amor, la cual demanda que consideremos el beneficio de los otros al mismo tiempo que consideramos el propio. La equidad demanda una actitud de amor para con los otros en las situaciones concretas de vida. Por ello, se dan el dolor y la lucha dentro de nosotros mismos, porque somos individuos obstinados y celosos hacia nuestros derechos (*iuris*), es decir, buscamos nuestra conveniencia en detrimento de los otros. ¿Cuál es la solución para eso? Creo que está en el *cambio* de actitud.

Cristo, para prevenir el odio, la contienda, las disputas y todo tipo de prejuicio, propone a sus discípulos que se inclinen a la moderación y la equidad (*moderationem et equitatem*). Los conflictos pueden ser resueltos a través de la humildad y el amor. Así, las personas equitativas renuncian a sus derechos porque desean que todos los involucrados reciban un tratamiento justo y correcto. Motivados por la virtud del amor equitativo, buscan equidad en todas sus relaciones.

La persona equitativa se esfuerza por la justicia equitativa para cumplir el mandamiento del amor al prójimo. Eso requiere que cada uno vea a todas las personas como su prójimo. A pesar de tener una tendencia a restringir nuestros deberes del amor a nuestros amigos y parientes, Dios nos demanda que amemos y extendamos nuestro amor a toda la raza humana. Él mismo da el ejemplo: extiende su bondad y su amor hacia todos, y hasta ama a las personas que lo odian. Fracasamos

---

[7] Aristóteles abogó por comprenderla de esta manera.

en amar a nuestro prójimo cuando ofrecemos un favor especial para unos y somos negligentes con los demás. El ejercicio apropiado del amor no niega al otro, porque eso frecuentemente engendra antagonismo y odio. Antes bien, hay que mirar primeramente a Dios, quien nos empuja a entender su amor con esa persona. Eso se aplica a toda la raza humana, sin excepción, ya que todos deben ser contemplados en Dios como su imagen y no a ellos en sí mismos.

Eso también se relaciona con la tendencia humana pecadora de demostrar favoritismo en el amor, omitiendo ciertas secciones de la ley de Dios que se refieren a ciertas personas. La equidad no permite ese tipo de favoritismo. Santiago 2.8–10 dice:

> [8]*Hacen muy bien si de veras cumplen la ley suprema de la Escritura: "Ama a tu prójimo como a ti mismo";* [9]*pero si muestran algún favoritismo, pecan y son culpables, pues la misma ley los acusa de ser transgresores.* [10]*Porque el que cumple con toda la ley pero falla en un solo punto ya es culpable de haberla quebrantado toda.*

Ésta es una clara demostración de que fallamos en amar a nuestro prójimo cuando damos especial favoritismo a una parte de la ley y no la obedecemos toda en lo referente a no amar a ciertas personas. Es prueba de que fallamos en obedecerlo, porque no existe la equidad en nuestro esfuerzo por cumplir el mandamiento de Dios. Me atrevo a afirmar que nuestro fracaso con relación a la equidad está intrínsecamente ligado a no comprender plenamente la ley de Dios. De ser así, se trataría de una cuestión de fidelidad a las Escrituras.

La motivación directiva del amor demanda equidad en todas nuestras relaciones para con todos. Demostrar favoritismo y hacer distinción entre personas es incompatible con la equidad. Esto fue lo que dijo Pablo:

> *Y ustedes, amos, correspondan a esta actitud de sus esclavos, dejando de amenazarlos. Recuerden que tanto ellos como ustedes tienen un mismo Amo en el cielo, y que con él no hay favoritismos.* (Ef 6.9)

> *Amos, proporcionen a sus esclavos lo que es justo y equitativo, conscientes de que ustedes también tienen un Amo en el cielo.* (Col 4.1)

El carácter de Dios hace que Él mismo se relacione "con" y "en" equidad y amor. Dios es el soberano creador, sustentador y gobernador sobre todas las cosas. Y ya que todas las cosas tienen su origen en Él y continúan en Él, es justo que las personas deban referirse a Él, que puedan determinar y dirigir sus propósitos hacia Él. Si Dios se relaciona con nosotros basándose en sus requerimientos de justicia, nadie puede escapar de su justa condenación. Felizmente para nosotros, los esclavos de la justicia, Dios no se relaciona con nosotros basándose en las demandas de justicia. Su gracia, concretada en la muerte y resurrección de Jesús Cristo, satisface el justo juicio de Dios por los pecados de su pueblo. En Cristo, la justificación es el perdón de los pecados y la imputación de la justicia, pero la causa última de la salvación es el amor de los escogidos de Dios.

En la parábola del "siervo sin misericordia" (Mt 18.21–35), Cristo relata lo que sucedería si Dios usase su plena justicia para con nosotros (*summo iure*). Él no se relaciona con sus hijos con base en la "justicia completa", sino en su gracia para manifestar la grandeza de su misericordia y su amor.

Autoamor, autonegación e imitación de Cristo

El mayor obstáculo para amar al prójimo es el *autoamor*. Todos tenemos la tendencia de amarnos y cuidarnos a nosotros mismos, la propensión a buscar nuestros propios intereses. Eso es evidente en el modo en el cual aplicamos la equidad. Cuando una situación se traduce según nuestra propia ventaja, cada uno se convierte en un erudito de lo que es la equidad. Demandamos de los otros la estricta aplicación de la equidad para con nosotros mismos, pero, cuando la cuestión resulta en beneficio de los otros o en sus pérdidas, nosotros, maliciosa y deliberadamente, "pestañeamos" ante la regla de la equidad que debería brillar en nuestros corazones y frecuentemente dejamos la equidad "debajo de nuestros pies".

Basado en esta comprensión de la Biblia, el *autoamor* debe ser rechazado por dos razones:

La primera, porque fomenta un modo maligno de vida, por el cual uno vive y se esfuerza para sí mismo, piensa y busca solamente la ventaja personal;

La segunda razón es que sólo cuando se ama a Dios y al prójimo se pueden cumplir los mandamientos divinos, y no cuando apenas uno se ama a sí mismo. El mandamiento "amarse a sí mismo" nos sirve para saber cuán profundamente debe ser nuestra inclinación a amar a los otros, pero esto no es una condición. Si así lo fuese, nadie amaría a otros, pues jamás se sentiría completo en el amor al punto de desprenderse de sí mismo para amar al prójimo. Eso tiene que ver con la intensidad. El amar al prójimo debería estar marcado por la misma intensidad y devoción que normalmente nos dispensamos a nosotros mismos. Dios demostró la fuerza del amor aun a pesar de la grande depravación que comúnmente reside en nosotros, y ese amor ahora debe ser extendido al prójimo, para que podamos estar listos para beneficiarlo, no con menos intensidad, ansias, ardor y cuidado que los que tenemos para con nosotros mismos.

En 1 Corintios 13.5 se dice que el amor "no busca sus propios intereses". Por el contrario, él nos provoca ignorar nuestras propias circunstancias y tener verdadero cuidado y amor, ese que se preocupa por el otro. Eso sólo es posible por el amor regenerador del Espíritu Santo y la unión con Cristo por medio de la fe. Somos llamados a manifestar cada vez más la imagen de Cristo en esta vida, creciendo en nuestra vida de santidad en Cristo.

Nuestra unión con Cristo en su muerte significa "negarse a sí mismo" (*autonegación*). Aquí comienza nuestro amor por el prójimo. Negarse a sí mismo es el único remedio efectivo para nuestro ciego y desordenado amor propio. Es la condición necesaria para dedicarnos de todo corazón a Cristo y a su servicio. Es el dejar de vivir para nosotros mismos y vivir para Dios y el prójimo. Cristo fue quien nos dio el ejemplo mayor de *autonegación*. Pablo dice: ... *el cual, siendo en forma de Dios, no estimó el ser igual a Dios como cosa a que aferrarse, sino que se despojó a sí mismo, tomando forma de siervo, hecho semejante a los hombres* (Fil 2.6–7). Despojarse a sí mismo en pro de un otro. Ahí está el ejemplo que debe moldearnos (*Haya, pues, en vosotros este sentir que hubo también en Cristo Jesús*, Fil 2.5).

El *autoamor* nos focaliza en nuestros deseos y derechos propios, y nos conduce hacía la indiferencia de los derechos y el bienestar de los otros. Solamente la *autonegación* puede producir moderación en nuestras demandas por nuestros derechos y preocupación para con los derechos de los otros, en sintonía con los requerimientos de la equidad. La *autonegación* forma en nosotros una mente justa (*aequanimitatem*) y tolerante. Cristo mismo instruyó a sus discípulos a mostrar moderación y equidad frente al mal que les habían hecho; pagó el mal con el bien, de acuerdo con la ley de la caridad (*lex caritates*).

- ¿Qué otro movimiento religioso en este mundo enseña tales principios?

La equidad no es meramente justicia y hacer lo que es correcto en el sentido de dar al otro lo que es debido, sino *mitigatio iuris*, es decir, relacionarse con el prójimo de una manera moldeada por la misericordia y el autosacrificio. Eso también es parte de la naturaleza de la virtud cristiana. Un individuo *mitiga* (suaviza el daño, disminuye las consecuencias) sus estrictos derechos en relación con un otro para que el bien sea hecho (para él). Esa bondad va más allá de las demandas de justicia y demuestra la benevolencia misma, el amor para con los otros que Dios en Cristo demostró al mundo. Jesús dio el ejemplo al hacer sus derechos a un lado, aun tratándose de su propia vida, para el bien de los demás.

¿Por qué eso es tan difícil? Por causa del espíritu mercenario que nos mueve a hacer cosas buenas para nuestros amigos, parientes e incluso para nosotros mismos, esperando de ellos el mismo tratamiento. Jesús contó una historia para alertarnos sobre ese espíritu mercenario que busca retribución:

> *Dijo también al que le había convidado: Cuando hagas comida o cena, no llames a tus amigos, ni a tus hermanos, ni a tus parientes, ni a vecinos ricos; no sea que ellos a su vez te vuelvan a convidar, y seas recompensado. Mas cuando hagas banquete, llama a los pobres, los mancos, los cojos y los ciegos; y serás bienaventurado; porque ellos no te pueden recompensar,* pero te será recompensado *en la resurrección de los justos.* (Lc 14.12–14)

El amor que espera retribución es en realidad *autoamor* y no genuino amor por los otros, porque busca su conveniencia y beneficios. Aun cuando nos ofrezcamos a los otros en buenas causas y a través de instituciones, eso no será garantía de que no sea fruto del *autoamor*, que haga promoción de nosotros mismos delante de los otros, mostrando cuán buenos y altruistas somos, lo cual no necesariamente es fruto de la generosidad.

La única base y fuente verdadera de *autonegación* es nuestra unión en Cristo, donde nuestro "yo" es resignado y nuestra voluntad es sometida a Dios. Solamente entonces podremos vivir y actuar en estado de ecuanimidad (*aequitate*) y moderación de mente. El propósito de esa humillación ante Dios es para que no nos rehusemos a ofrecernos a nuestros hermanos y podamos ser más corteses y amables con ellos, como hizo Cristo, de modo justo y amoroso; éstas son las exigencias de la equidad.

Solamente el amor a Dios nos mueve de nosotros mismos hacia los otros. Cada persona es *autocentrada*. ¡Amar al prójimo no florecerá a menos que el amor de Dios reine en nosotros!

Conclusiones

La Biblia reconoce las disparidades de la riqueza y el estatus. En Génesis está claro que todas las personas son hechas a imagen y semejanza de Dios, todas deben poder aprovechar los dones y recursos de la creación de Dios. Muchos escritores bíblicos reservan sus críticas más nítidas para los gobernantes injustos, para quienes explotan a los pobres. Los profetas Isaías, Miqueas y Zacarías imaginaron un momento en el cual todos podrían tener satisfechas sus necesidades de vida y contar con gobernantes capaces de hacerlo realidad. Las leyes del Jubileo en Levítico son otra manera de percibir esto, pues estipulan que la tierra no puede ser vendida para siempre. Quienes compran las tierras de los pobres no pueden retenerlas permanentemente. Éstas son leyes para una sociedad igualitaria, la cual tenía un mecanismo redistributivo que buscaba superar la desigualdad.

El Nuevo Testamento también aboga poderosamente por la igualdad. María, la madre de Jesús, habló de Dios llenando a los hambrientos de cosas buenas y enviando a los ricos de manos vacías. Jesús desafió a las personas a vender sus bienes y darlo todo a los pobres. Proclamó el año del Jubileo y enseñó que, en su reino, los pobres serían levantados, y los ricos, derribados.

La iglesia primitiva de Jerusalén compartió sus bienes para garantizar que las necesidades básicas de todos fueran atendidas. La igualdad dentro y entre las iglesias fue fundamental para Pablo. Usando la metáfora del cuerpo, insistió en 1 Corintios que, en la comunión de Cristo, el estatus social no tenía importancia. Ordenó a la iglesia de Corinto compartir sus bienes con los más pobres (2Co 8.13–15).

> *Porque no digo esto para que haya para otros holgura, y para vosotros estrechez, sino para que en este tiempo, **con igualdad**, la abundancia vuestra supla la escasez de ellos, para que también la abundancia de ellos supla la necesidad vuestra, **para que haya***

igualdad, *como está escrito: El que recogió mucho, no tuvo más, y el que poco, no tuvo menos.*

La Cena del Señor habla de nuestra igualdad delante de Dios. Ella anticipa el banquete celestial donde todos somos iguales y nos recuerda que Jesús comió con sus pares sociales y enseñó que, mientras en la sociedad las personas dominan y se aplastan unas a otras, él afirma que "no será así entre ustedes" (Mr 10.43–44).

La Biblia afirma la igualdad fundamental de todas las personas delante de Dios y la responsabilidad de las personas con riqueza de garantizar que todos los miembros de la comunidad puedan satisfacer todas las necesidades de la vida. Pablo dice: ... *el que robaba, que no robe más, sino que trabaje honradamente con las manos para tener qué compartir con los necesitados* (Ef 4.8). Para los escritores de la Biblia el punto central de los arreglos económicos es construir y sustentar comunidades para proteger a los más vulnerables, garantizar que ellos puedan participar tan plenamente como los demás.

Más que un sueño, lo que menciono aquí arriba, de modo breve, fue una realidad en la vida del pueblo de Dios, aun cuando muchas situaciones fracasaron, el principio de equidad era la norma. Buscamos la equidad no porque seamos necesariamente ecuánimes, sino porque somos hijos e hijas de Dios, quien es así y así actúa para con todos. Si mi Dios es ecuánime, lo mínimo que me compete es serlo también. En medio de nuestras muchas luchas aquí en la tierra, y ante tantos desafíos, debemos alentarnos a seguir frente a frente, en busca de una sociedad más justa y equitativa, en la lucha contra la desigualdad, recordando que:

El Señor es rey: que tiemblen las naciones. Él tiene su trono entre querubines: que se estremezca la tierra. Grande es el Señor en Sión, ¡excelso sobre todos los pueblos! Sea alabado su nombre grandioso e imponente: ¡él es santo! Rey poderoso, que amas la justicia: tú has establecido la equidad y has actuado en Jacob con justicia y rectitud. (Sal 99.1–4)

Parte 3

Corrupción y políticas públicas

Corrupción, políticas públicas y el desafío de la ética en perspectiva del compromiso cristiano

Víctor Arroyo

> *Ahora sé que jamás veré un país decente,*
> *nos decía descorazonada una chica. Ella tiene sólo 17 años*
> *y tiene derecho por lo menos a la esperanza.*
> *A ella le decimos que ese país ya lo llevamos dentro*
> *quienes no queremos aprovecharnos de él,*
> *y sobre todo, lo llevan los que, como ella,*
> *tienen aún las manos, la mirada y el corazón limpios.*
> *Pero no nos engañemos: parir el país que abrigamos dentro*
> *requiere coraje, exige actuar y no sólo encogerse de hombros.*[1]

La corrupción es, en la percepción mayoritaria de la población peruana, uno de los mayores y más graves problemas del país. Las encuestas realizadas en los años 2010–2015 así lo confirman,[2] pues

---

[1] C. M. Velarde, coord., "Corrupción y ética pública. Guía de capacitación". Disponible en www.ipedehp.org.pe/userfiles/Corrup%20y%Etica%Publica.pdf

[2] Véase, por ejemplo, la ix Encuesta Nacional sobre Percepción de la Corrupción en el Perú 2015, realizada por Ipsos Apoyo por encargo de Proética (capítulo peruano de Transparencia Internacional). Según esta encuesta el 46 % de encuestados considera a la corrupción como uno de los principales problemas del país; para el 61 %, la corrupción de funcionarios y autoridades es uno de los problemas del Estado; el 53 % considera que la corrupción se incrementará el siguiente quinquenio; el Poder Judicial, el Congreso de la República y la Policía Nacional son considerados como las instituciones más corruptas del país; y el 85 % considera que el Gobierno Central es poco o nada eficaz en la lucha contra la corrupción. Disponible en http://www.proetica.org.pe/encuesta-2015. Véase también la sección "Anticorrupción y transparencia", donde se analiza el problema desde diferentes enfoques, Consorcio de

muestran una clara tendencia en la tolerancia a la corrupción. Dicha encuesta señala también que esta figura no se ubica sólo entre los principales problemas nacionales junto con el desempleo, la pobreza, la desigualdad o la inseguridad ciudadana, sino también como el más importante problema del Estado. Se trata de un fenómeno de alta nocividad social y política que perjudica a todos, pero en particular a quienes tienen menos recursos, porque limita el ejercicio pleno de sus derechos fundamentales.

En el abordaje del problema de la corrupción en la sociedad aparece una situación contradictoria. Es decir, en términos generales, somos conscientes de la gravedad del problema por sus efectos negativos en el ejercicio del poder político, en el funcionamiento de las instituciones, en el desarrollo de la economía, en la construcción de la moral pública y en nuestro desarrollo pleno como seres humanos, pero, a la vez, la mayoría no sólo permanecemos muy pasivos frente al problema, sino que nos convertimos en parte de él con nuestras actitudes y conductas, ya sea participando en actos corruptos, justificándolos o no denunciándolos pese a conocerlos.

La corrupción preocupa a un sector importante de la opinión pública, pues cada vez más existe una mayor conciencia de la importancia de la transparencia y rendición de cuentas; sin embargo, si bien desde hace más de una década se ha puesto en ejecución políticas públicas anticorrupción, los resultados no son, en la percepción de la población, los esperados.[3]

¿Qué desafíos presenta esta situación para la conciencia cristiana? ¿Cuán eficaces son las políticas públicas, en especial aquellas diseñadas para combatir la corrupción? ¿Qué lugar tiene la ética en la lucha contra la corrupción? En esta presentación me propongo describir brevemente, en el marco de estas preguntas, la corrupción como obstáculo del desarrollo. Intento hacer un balance de las políticas públicas diseñadas para combatirla e identificar algunos desafíos éticos. Naturalmente, esta presentación se refiere a la experiencia peruana que incluye la participación de los evangélicos.[4]

Universidades, *Metas del Perú al bicentenario*. Disponible en http://www.consorcio.edu.pe/metas-bicentenario/

[3] Los informes sobre la opinión pública respecto a la corrupción dan cuenta de que para más del 80 % de ella el desempeño del Poder Ejecutivo en su lucha contra la corrupción es poco o nada eficiente.

[4] En esta experiencia, cabe mencionar la participación del Concilio Nacional Evangélico

Un antiguo obstáculo del desarrollo

Hace pocos años se publicó en Lima uno de los estudios más completos sobre el problema de la corrupción en perspectiva histórica.[5] En este estudio, el autor empieza señalando que en el Perú la corrupción es muy antigua y no esporádica, sino un fenómeno sistémico enraizado en las estructuras centrales de la sociedad. Particularmente, en la década de los noventa, la corrupción desenfrenada alcanzó niveles alarmantes bajo la sombra de un régimen autoritario que produjo una dramática erosión de las instituciones fundamentales de la sociedad. El gobierno de Fujimori (1990–2000) marca en la historia de la corrupción un "antes" y un "después". Antes de este periodo, sin lugar a duda, también hubo corrupción en el país,[6] pero, a diferencia de los precedentes, el gobierno de Fujimori organizó, luego del autogolpe del 5 de abril de 1992, un sistema centralizado de corrupción que tuvo en el Servicio Nacional de Inteligencia (SIN) su organismo de mando.[7]

---

del Perú (CONEP) en el Acuerdo Nacional desde el año 2002. Este Acuerdo es una mesa de diálogo y construcción de consensos referidos a políticas de Estado de largo plazo. Varias de estas políticas están referidas al problema de la corrupción. También participa activamente en la Comisión de Alto Nivel Anticorrupción (CAN) junto con la Unión de Iglesias Cristiana Evangélicas del Perú (UNICEP). Con anterioridad a estos espacios, se constituyó el año 2001 un grupo de trabajo denominado Iniciativa Nacional Anticorrupción (INA). del que el pastor Humberto Lay fue uno de sus integrantes.

5 A. W. Quiroz, *Historia de la corrupción en el Perú*, Instituto de Estudios Peruanos, Lima, 2013. Las preguntas claves que se abordan en este estudio son, según el mismo autor: "¿Cómo es que la corrupción ha afectado la evolución histórica, política y económica de las sociedades menos desarrolladas?; ¿cuáles fueron sus costos verdaderos?; ¿importa la corrupción como factor histórico que desacelera o detiene el desarrollo?; ¿por qué razón es que algunos países la han controlado, mientras otros parecen estar inundados por una corruptela desenfrenada y persistente?; ¿cómo explicar la renuencia a efectuar estudios exhaustivos y especializados del impacto histórico de la corrupción […], pese a su presunta importancia" (p. 26).

6 Debe tenerse presente que la historia de la corrupción es tan antigua como el ser humano. En la segunda parte del siglo XX encontramos varios casos emblemáticos, como la compra de los barcos Mantaro y Pachitea, durante el segundo gobierno de Belaúnde, cuya deuda posteriormente tuvo que ser asumida por el Estado como deuda pública externa. También están los casos investigados relacionados con el mal uso de los dólares del Mercado Único de Cambios (MUC), el caso INDUMIL, la compra de aviones *Mirages*, la compra de papeles de la deuda durante el primer gobierno de Alan García.

7 Producida la quiebra del régimen constitucional al disolver el Congreso de la República, Fujimori instauró el llamado Gobierno de Emergencia y Reconstrucción Nacional, intervino el Poder Judicial, el Ministerio Público y la Contraloría General de la República, entre otros organismos del Estado.

Quiroz entiende que la corrupción es un fenómeno amplio, diverso y complejo que comprende actividades públicas y privadas, complejidad que ha producido un extenso debate desde distintas perspectivas en torno a la definición del señalado fenómeno.[8] En la introducción de su estudio, el mencionado autor la define de la siguiente manera, que considero apropiada para los fines de nuestra reflexión. Para Quiroz, corrupción es:

> … el mal uso del poder político-burocrático por parte de camarillas de funcionarios, coludidos con mezquinos intereses privados, con el fin de obtener ventajas económicas o políticas contrarias a las metas del desarrollo social mediante la malversación o el desvío de recursos públicos junto con la distorsión de políticas e instituciones. [...] No se trata sólo del tosco saqueo de los fondos públicos por parte de unos funcionarios corruptos como usualmente se asume. La corruptela comprende el ofrecimiento y la recepción de sobornos, la malversación y la mala asignación de fondos y gastos públicos, la interesada aplicación de programas y políticas, los escándalos financieros y políticos, el fraude electoral y otras transgresiones administrativas (como el financiamiento ilegal de partidos políticos en busca de extraer favores indebidos) que despiertan una percepción reactiva en el público.[9]

Es decir, se trata del uso indebido del poder para obtener un beneficio irregular de carácter económico o no económico, recurriendo a la violación de un deber de cumplimiento, y en desmedro de la legitimidad de la autoridad y de los derechos fundamentales de la persona. Es el abuso de los recursos públicos con el fin de beneficiar a unas cuantas personas o grupos a costa del progreso del país. Éste es un fenómeno que ha mostrado tanto continuidad como diversidad de formas "desde la aparición de los Estados y civilizaciones más tempranas".[10] Por ello, no se exagera al decir que la corrupción en las relaciones sociales tiene una historia muy larga y está presente en todas las culturas. Muchas sociedades han logrado frenar las corruptelas, pero ninguna las ha eliminado por completo.

---

[8] Debo precisar que los diferentes enfoques con los que la corrupción es analizada no forman parte de este trabajo debido a su limitada extensión.

[9] Ibid, p. 30.

[10] Ídem.

El análisis de Quiroz muestra un país profundamente afectado por una corrupción presente desde tiempos de la Colonia hasta nuestros días. En la experiencia peruana, la historia muestra que, en lugar de ir forjando un Estado republicano con marcos normativos adecuados, con funcionarios que respetan y hacen respetar la ley y con ciudadanos que se sienten parte de una sociedad que los incluye, se fue perfilando y consolidando un Estado en el cual las leyes se dan para no ser cumplidas y donde, más bien, se han creado y recreado, en cada etapa de la historia, formas patrimoniales del poder. De hecho, en esta perspectiva, la corrupción aparece como un obstáculo persistente para el desarrollo nacional y como un factor determinante de la pérdida de oportunidades para lograrlo. El Perú, como otros países de América Latina, está profundamente afectado por una corrupción administrativa, política y sistemática, tanto en su pasado lejano y reciente como en su presente.

Me parece importante en el análisis de este problema la identificación de los actores principales. Quiroz identifica a las élites, los militares, los políticos y los empresarios como protagonistas. Sin embargo, no sólo se encuentran estos actores, sino también los funcionarios y operadores públicos, así como los ciudadanos que participan pasiva o activamente en el sistema de corrupción. Una observación cuidadosa de la situación nos muestra cómo en la historia peruana el poder ha sido manejado por una élite reducida, compuesta, según Quiroz, por los mismos personajes que en cada época fueron cambiando de apariencia. Se trata de grupos de poder a los que siempre les ha interesado, movidos por el corto plazo y resultados inmediatos, hacer fortuna en el menor tiempo posible a cualquier costo. Es una élite que no piensa en el futuro del país y, por consiguiente, no le importa el bien común.

Por otro lado, Quiroz[11] encuentra un grupo de poder históricamente asociado a la corrupción, los militares, que ha tenido importante presencia en las distintas etapas de la historia desde los inicios de la República, puesto que fueron los caudillos militares quienes sentaron las bases de la política y del Estado patrimonial sobre cuyos cimientos se forjó el Estado moderno. Por su parte, de acuerdo con los hallazgos de Quiroz, los integrantes de la denominada clase política tomaron el Estado como un botín, al punto de que fueron desapareciendo

---

[11] Ídem.

las fronteras entre el espacio público y el privado. El Estado se ha convertido en su propiedad y han hecho de éste lo que han querido: pago de favores con fondos públicos y con puestos en la burocracia, exoneraciones tributarias a sus amigos, obras públicas para ofrecer puestos de trabajo y favorecer a los que los apoyan, etc.[12] Este personaje no es desconocido, porque hay muchos congresistas del pasado y del presente que calzan perfectamente en este molde. Asimismo, los empresarios son también protagonistas de las ventajosas historias de corrupción. Estos hechos dan cuenta, pues, de una élite de dirigentes y partidos políticos que no han tenido capacidad de mirar por encima de sus propios intereses y no han representado en realidad los intereses de la nación. Las organizaciones políticas son manejadas por caudillos que poco o nada tienen que ver con los intereses que dicen representar. Uno de los casos más sobresalientes de esta situación es el fujimorismo, causante de un sistema de corrupción alentado desde las esferas más altas.

Hay un marco normativo muy frondoso, complejo, confuso y contradictorio pero que no sirve para disuadir y prevenir. Esto es importante, porque sin mecanismos disuasivos adecuados resulta difícil impedir conductas oportunistas, como las costumbres rentistas o las ventajas monopólicas de aquellos que tienen acceso al poder político, a la administración pública y a los privilegios económicos. La legislación no se cumple o no se aplica con criterio de equidad para todos.

Me parece importante señalar que un verdadero Estado de derecho se construye con un sistema normativo congruente con las necesidades del Estado, con instituciones que velen por el cumplimiento de la ley, con un sistema de control y rendición de cuentas que funcione de modo eficaz, con una élite dirigente que mire por encima de sus propios intereses y con organizaciones políticas que con legitimidad representen los intereses de la población. Indudablemente, la falta de estos elementos facilita el desarrollo de diversas formas de corrupción en el escenario social, político y económico del país.

En resumen, estamos, pues, frente a un fenómeno multidireccional y complejo que afecta la gobernabilidad, la confianza en las instituciones y los derechos de las personas. Sus efectos son igualmente diversos; van

---

12 Ídem.

desde la afectación en el acceso a servicios producida por las prácticas de la pequeña corrupción en la vida cotidiana de las instituciones de salud, educación o justicia, hasta los grandes desvíos de fondos públicos producidos por la gran corrupción en los últimos años. Afecta a la economía del país, a la economía doméstica y a los derechos de los ciudadanos, así como a la confianza en el Estado y en sus funcionarios.[13]

Políticas públicas[14], lucha contra la corrupción y desafíos éticos

Existen enfoques de la corrupción que se centran en la responsabilidad de los funcionarios públicos y la debilidad del Estado para explicar el problema. Sin embargo, como señala Francisco Durand,[15] se debe tener presente que en la corrupción extrema sufrida por el Perú bajo el régimen autoritario de Fujimori, también hubo participación del empresariado, ya que éste brindó soporte al régimen y tuvo participación directa en la corrupción. Varios grandes empresarios peruanos, en el contexto de la articulación entre los intereses empresariales y el poder político, mantuvieron estrechas relaciones con el "fujimontesinismo"[16] y fueron beneficiarios de éste.

Fue la difusión de videos de la corrupción hacia el año 2000 lo que produjo indignación en la población, la ruptura entre Fujimori y Montesinos, y motivó la investigación del problema. Varios fueron los

---

[13] La corrupción es en el fondo una violación de los derechos humanos. Es decir, no sólo genera consecuencias dañinas en el patrimonio del Estado o en la estabilidad de sus instituciones, sino también "cala en lo más profundo del tejido social y, a veces, hasta incluso puede cobrar vidas [...] la corrupción afecta de manera negativa y grave a grupos vulnerables e históricamente oprimidos", Y. Novoa, "¿Cómo afecta la corrupción a grupos vulnerables?", p. 9. Disponible en www.idehpucp.pucp.edu.pe/wp-content/uploas/2012/07/comentario-yvana.pdf. Véase también, Consejo Internacional de Políticas de Derechos Humanos, *La corrupción y los derechos humanos: estableciendo el vínculo*, Instituto Tecnológico y de Estadios Superiores de Monterrey, México, 2009. Disponible en www.ichrp.org/files/reports/52/131_report_es.pdf

[14] Adopto en este trabajo la definición de "políticas públicas" propuesta por el analista político colombiano Alejo Vargas Velásquez, para quien "política pública" es el "conjunto de sucesivas iniciativas, decisiones y acciones del régimen político frente a situaciones socialmente problemáticas y que buscan la resolución de las mismas o llevarlas a niveles manejables [...]. La política pública implica un acto de poder e implica la materialización de las decisiones de quienes detentan el poder", A. Vargas, *Notas sobre el Estado y las políticas públicas*, Almudena Editores, Bogotá, 1999, p. 57.

[15] F. Durand, "Cleptocracia y empresariado en el Perú", *Revista Nueva Sociedad* 194. Disponible en http://www.nuso.org/upload/artículos/3233_1.pdf

[16] Ídem.

factores que llevaron a la decisión de investigar: el impulso reformador desatado por la indignación moral, el fortalecimiento del rol fiscalizador del Congreso y la formación de juzgados anticorrupción.[17] Esta respuesta se tradujo en la construcción de un sistema anticorrupción que empezó durante la Presidencia Transitoria de Paniagua (noviembre 2000–julio 2001). A partir de ese momento, se desarrolla una transición de un régimen altamente corrupto a otro que busca producir cambios en este campo.

Así, se sentaron las bases de la lucha contra la corrupción, las cuales fueron plasmándose en la designación de policías, procuradores, fiscales y jueces anticorrupción, y los siguientes gobiernos procesaron este cambio con la adopción de políticas destinadas a combatir el problema. Se dispuso, por tanto, la elaboración de planes y estrategias encaminados a "institucionalizar la lucha contra la corrupción, promover la ética pública, fomentar la transparencia y el rendimiento de cuentas e impulsar la vigilancia ciudadana".[18] Las medidas adoptadas van desde la formación de un grupo de trabajo (Iniciativa Nacional Anticorrupción)[19] encargada de realizar un diagnóstico, promover una agenda nacional para la lucha contra la corrupción, establecer lineamientos para el diseño de una política anticorrupción y proponer bases institucionales de concertación para luchar contra este problema y promover la ética pública.

Asimismo, fueron adoptándose otras medidas, como la formación de la Comisión Nacional de Lucha contra la Corrupción y Promoción de la Ética y Transparencia en la Gestión Pública, la Ley de Transparencia y Acceso a la Información Pública, el Plan Nacional de Lucha contra la Corrupción 2006–2011, la Comisión de Alto Nivel Anticorrupción integrada por representantes de todos los Ministerios y de diferentes organizaciones de la sociedad civil, incluyendo las iglesias católica y evangélica, y la aprobación del Plan Nacional de Lucha contra la Corrupción 2012–2016.[20]

---

[17] Ídem.

[18] INA, *Un Perú sin corrupción: condiciones, lineamientos y recomendaciones para la lucha contra la corrupción*, Ministerio de Justicia, Lima, 2001, p.14.

[19] Grupo de trabajo creado por Resolución Suprema n.° 160-2001-JUS, integrado por personalidades de la sociedad civil convocadas por el presidente de la República, Valentín Paniagua Corazao.

[20] Véase, C. Vieira, "Balance de la lucha contra la Corrupción en el Perú", *Revista Gestión Pública y Desarrollo* 64 (2012), pp. L1–L5.

Sin embargo, poco a poco se fue diluyendo el éxito inicial de la gestión del gobierno de transición y de los años iniciales del gobierno de Alejandro Toledo en materia de lucha contra la corrupción, de modo que los resultados obtenidos hasta la fecha no son los esperados. Según la ix Encuesta Nacional sobre Percepciones de la Corrupción en el Perú dada a conocer en diciembre de 2015, el 53 % de peruanos piensa que la corrupción seguirá creciendo en los siguientes años. En consecuencia, cada vez hay más gente que considera que es el principal problema que afecta al Estado peruano. El 85 % cree que el gobierno central es poco o nada eficaz en la lucha contra la corrupción y, como en las encuestas anteriores, el Poder Judicial, el Congreso de la República y la Policía siguen siendo vistos como las instituciones más corruptas.[21]

Cabe mencionar, sin embargo, algunos avances en la lucha contra la corrupción en el Perú desde el año 2000 hasta la actualidad, avances que se expresan en políticas públicas y el establecimiento de normas legales y de mecanismos de control. Hay, en este sentido, varios hechos importantes, como la creación, entre noviembre del 2000 y julio del 2001, de un mecanismo anticorrupción compuesto por la policía, las fiscalías y los juzgados especializados para combatir el flagelo que había copado al Estado, comprometido seriamente a instituciones privadas (bancos y medios de comunicación) y sojuzgado a organismos constitucionalmente autónomos. Estas acciones son, sin duda, la expresión de un compromiso político de enfrentar la herencia nociva del régimen autoritario.[22] A partir de estos hechos iniciales, fueron desarrollándose otras acciones con el objetivo de combatir la corrupción. Describo brevemente las que considero más importantes:

Iniciativa Nacional Anticorrupción (INA)

Recuperada la democracia, el gobierno de transición aprobó en abril del 2001 un Programa Nacional Anticorrupción y constituyó un grupo de trabajo de Iniciativa Nacional Anticorrupción,[23] el cual debería cumplir funciones tales como:

---

[21] Disponible en http://proeticapoderciudadano.pe/informes/mayor%C3%ADa-de-peruanos-piensa-que-la-corrupci%C3%B3n-seguir%C3%A1-aumentando-en-los-pr%C3%B3ximos-5-a%C3%B1os

[22] Ídem.

[23] Mediante Resolución Suprema n.° 160-2001-jus del 11 de abril de 2001, se constituyó un grupo de trabajo integrado por personalidades de la sociedad civil, entre ellas, el pastor evangélico Humberto Lay Sun.

a. Generar un espacio de encuentro entre representantes de organismos públicos, la sociedad civil y los actores políticos, para discutir asuntos relacionados con las bases éticas y democráticas sobre las cuales debe asentarse el país.
b. Formular un diagnóstico sobre la corrupción en el país, sus formas y modalidades.
c. Promover una agenda nacional de lucha contra la corrupción a través de lineamientos de políticas públicas.[24]

De este modo, el gobierno de transición se proponía que los resultados del trabajo de este grupo sentaran las bases de una política nacional anticorrupción.

El Acuerdo Nacional[25]

Es el conjunto de políticas de Estado de largo plazo elaboradas y aprobadas sobre la base del diálogo y del consenso con la finalidad de definir una visión compartida del país, un rumbo para su desarrollo sostenible y afirmar la plena vigencia del Estado de derecho y su gobernabilidad democrática. Fue suscrito en Palacio de Gobierno el 22 de julio de 2002 por representantes del Gobierno, de los partidos políticos que participaban en el Congreso de la República y de las organizaciones de la sociedad civil, entre estas la Iglesia Católica y el Concilio Nacional Evangélico del Perú. Entre las políticas de Estado relacionadas con el problema de la corrupción destacan la Vigésimo Cuarta: afirmación de un Estado eficiente y transparente; la Vigésimo Sexta: promoción de la ética y la transparencia y erradicación de la corrupción, el lavado de dinero, la evasión tributaria y el contrabando en todas sus formas, y la Vigésimo Novena: acceso a la información, la libertad de expresión y la libertad de prensa.

La aprobación de estas políticas expresa un doble significado. En primer lugar, que la sociedad en su conjunto tomaba conciencia de

---

[24] Ídem. Véase también Resolución Ministerial n.° 254-2001-JUS (28/07/2001).

[25] Acuerdo Nacional, *Políticas de Estado*, Lima, 2014; M. Hernández Camarero, *Doce años del Acuerdo Nacional*, Acuerdo Nacional, Lima, 2014. El conjunto de políticas fue aprobado en función de cuatro grandes objetivos: a) democracia y Estado de derecho; b) equidad y justicia social; c) competitividad del país; y d) Estado eficiente, transparente y descentralizado. Sin lugar a duda, el Acuerdo Nacional es uno de los hechos más importantes de la vida democrática del país desde el año 2002 a la fecha, a pesar de que las sucesivas administraciones gubernamentales no le han prestado la debida atención.

la magnitud de la corrupción y de la seria amenaza que representaba para el desarrollo del país. En segundo lugar, revela el compromiso del Estado de emprender, en perspectiva de largo plazo, una serie de acciones conjuntas orientadas a la afirmación, en la sociedad y el Estado, de "principios éticos y valores sociales que promuevan la vigilancia ciudadana y que produzcan niveles crecientes de paz, transparencia, confianza y efectiva solidaridad".[26] Revela también el compromiso de promover "una cultura de transparencia, de rendición de cuentas y de difusión de los actos de gobierno, eliminando la cultura del secreto".[27]

Ley de transparencia y acceso a la información[28]

Es una norma aprobada en concordancia con los artículos 2 y 20 de la Constitución Política que establece el derecho de los ciudadanos a solicitar y recibir información de las entidades del Estado, puesto que un Estado democrático se caracteriza —o debería caracterizarse— por la transparencia de las decisiones y actos gubernamentales en la administración de la cosa pública. A este respecto, me parece importante lo que señala Guillermo O'Donnell:

> … si los ciudadanos son la fuente de autoridad del poder político ejercido sobre ellos, entonces tienen el derecho de ser informados de las decisiones de este poder. Sigue de esto que las decisiones de las autoridades democráticas deben ser públicas, en el doble sentido de que las razones y contenido de esas decisiones deben ser "hechas públicas", y que los procedimientos que conducen a estas decisiones son especificados en normas legales que también están públicamente disponibles.[29]

La idea central de normas como ésta es la eliminación de la cultura del secreto y la prevención de la corrupción.

---

[26] Ibíd, p. 47.

[27] Ibíd, p. 50.

[28] Ley n.° 27806, Ley de Transparencia y Acceso a la Información Pública, publicada el 2 de agosto de 2002.

[29] G. O'Donell, "Accountability horizontal: la institucionalización legal de la desconfianza política", *POSTData: Revista de Reflexión y Análisis Político* 7 (2001), pp. 11–34. Disponible en www.top.org.ar/ecgp/FullText/000000/0%20DONNELL%Guillermo%20-%20 Accountability%horizontal%20la%20institucionalizacion.pdf

Plan Nacional Anticorrupción 2006–2011

La aprobación de este plan expresaba, sin duda, un deseo de institucionalizar la lucha contra la corrupción. En tal sentido, se elaboró un documento extenso que contenía un marco teórico, un plan de acción y los compromisos internacionales asumidos por el Estado peruano. En dicho documento se explicitaba la visión de un "país libre de corrupción en el que imperan los principios de honestidad, ética, probidad, con una Administración Pública que trabaje bajo los lineamientos de la objetividad, imparcialidad y transparencia".[30] Se asumía el compromiso de alcanzar los siguientes objetivos:[31]

a. Promover la creación de un sistema anticorrupción articulado y fortalecido.

b. Institucionalizar en la administración pública la ética, la transparencia y la lucha contra la corrupción.

c. Disponer de una justicia anticorrupción moderna y eficaz.

d. Promover prácticas o conductas anticorrupción en el sector empresarial.

e. Promover prácticas anticorrupción en los medios de comunicación.

f. Lograr el compromiso de la sociedad para que fiscalice y participe activamente en la lucha contra la corrupción.

g. Desarrollar esfuerzos concertados a nivel internacional en la lucha contra la corrupción nacional.

La Comisión de Alto Nivel Anticorrupción y el "Plan nacional de lucha contra la corrupción 2012–2016"[32]

Esta comisión es un espacio de coordinación de iniciativas y de concertación de acciones en materia anticorrupción. Busca evitar la

---

[30] Ministerio de Justicia, "Plan nacional de lucha contra la corrupción 2006–2011", MINJUS, Lima, 2006, p. 72. Disponible en www.justiciaviva.org.pe/nuevos/2006/julio/20/plan_nacional_correcion.pdf.

[31] Ídem.

[32] Comisión Alto Nivel Anticorrupción (CAN), "Plan nacional de lucha contra la corrupción 2012–2016", Lima, CAN-PCM, 2013. Este plan fue aprobado mediante Decreto Supremo n.° 119-2012-PCM, con base en la propuesta elaborada por la Comisión de Alto Nivel Anticorrupción. Cabe mencionar que el Concilio Nacional Evangélico del Perú (CONEP) y la Unión de Iglesias Cristianas Evangélicas del Perú (UNICEP) son integrantes de esta entidad junto con la Iglesia Católica, representantes de los Ministerios, la Contraloría y el Poder Judicial.

dispersión o duplicación de actividades, tanto de las instituciones del Estado como de las organizaciones de la sociedad civil. Precisamente, en respuesta al fenómeno de la corrupción, elaboró el mencionado plan que contiene consideraciones teóricas y conceptuales sobre la corrupción y el plan nacional de lucha, que incluye objetivos, estrategias y acciones. Declara, como visión, "un país libre de corrupción con una administración pública eficiente, honesta e inclusiva y una ciudadanía donde impere una cultura de valores éticos".[33] Asimismo, propone el siguiente objetivo general: "Un Estado transparente que promueve la probidad en el actuar público y privado; y garantiza la prevención, investigación, control y sanción efectiva de la corrupción en todos los niveles".[34]

Un balance de la lucha anticorrupción

Sería injusto decir que la lucha contra la corrupción ha sido nula. Existe un conjunto de acciones y decisiones institucionales destinadas a encarar el problema de la corrupción puestos en marcha desde el año 2000, los cuales expresan el convencimiento de que la corrupción es el principal obstáculo del desarrollo del país. Los diferentes grupos de trabajo constituidos en los quince últimos años para analizar el problema y formular propuestas, han sistematizado diagnósticos sobre las causas y efectos nocivos de este grave problema, y han propuesto estrategias y acciones para combatirlo.[35] Se ha establecido también un marco jurídico orientado al mismo propósito.[36]

---

[33] Ibíd, p. 179.

[34] Ídem.

[35] Las acciones que los grupos de trabajo han propuesto se orientan a sistematizar las prácticas de buen gobierno, la ética y la transparencia en la administración pública; a fortalecer el sistema nacional de lucha contra la corrupción; articular una estrategia judicial integral y eficaz; promover prácticas y conductas para combatir la corrupción en el mundo empresarial; promover la participación activa de los medios de comunicación en la lucha contra la corrupción; y comprometer a la sociedad civil para la fiscalización activa de los funcionarios públicos.

[36] Por citar algunos ejemplos, está la Ley de Transparencia y Acceso a la Información Pública (Ley n.° 27806); el Código de Ética de la Función Pública (Ley n.° 27815); la modificación de la Ley de Contrataciones y Adquisiciones del Estado (Ley n.° 28267); la modificación del Sistema Nacional de Inversión Pública (SNIP) (Leyes n.° 28522 y n.° 28802); Ley de Protección al Denunciante en el Ámbito Administrativo y de Colaboración Eficaz en el Ámbito Penal (Ley n.° 29542), entre otras.

Sin embargo, a pesar del esfuerzo desplegado, los objetivos propuestos en los diferentes planes de acción no se han logrado a satisfacción y no han sido suficientes para cambiar la situación ni para revertir la percepción de la ciudadanía respecto de la efectividad de la lucha anticorrupción. Una de las debilidades que salta a la observación es que no se ha fortalecido la institucionalidad iniciada en el periodo del gobierno de transición, debido a que los gobiernos siguientes la debilitaron al pretender "poner su marca" en la estrategia. Cada gobierno ha constituido su propia comisión hasta la creación de la Comisión de Alto Nivel Anticorrupción en 2010, quebrando, de ese modo, la continuidad de las acciones iniciadas. Hay aquí un problema de superposición de planes, la falta de una adecuada coordinación entre los diferentes sectores y la carencia de una autoridad autónoma para hacer cumplir los planes. A esta debilidad se agrega la falta de voluntad política y la de un liderazgo desde las esferas más altas para combatir decididamente el problema. Muchos de los esfuerzos aislados, o parte de ellos, corren el riesgo del desmontaje al no haber sido institucionalizados mediante normas legales. Un Estado débil, con una institucionalidad precaria, escasa participación y sin un adecuado equilibrio de poderes, puede ser fácilmente penetrado y copado por intereses económicos cuyos objetivos centrales siempre serán la maximización de rentas particulares antes que la búsqueda del bien común.

En el fondo del problema, hay una cuestión ética que no se aborda con realismo, en profundidad y de manera sostenida. La corrupción es esencialmente un problema humano y un asunto de principios y valores; no se trata sólo de un mal de estructura social, sino también de un problema de conciencia moral en el ser humano y la sociedad.[37] La relativización de los principios éticos y el reemplazo de éstos por la racionalidad utilitaria, el desplazamiento de los valores, la eliminación de la responsabilidad social por las acciones del sistema, la impunidad facilitada por el sistema de administración de justicia y la ambigüedad de las normas son, pues, indicadores de corrupción. La ética pública, entendida como patrones de conducta que rigen la actuación de los funcionarios y dirigentes del Estado y de gobierno, y que expresan valores, se concreta cuando aquellos que desempeñan una función

---

[37] A. Wiens, *Los cristianos y la corrupción: desafíos de la corrupción a la fe cristiana en América Latina*, Editorial CLIE, Barcelona, 1998.

pública internalizan y exteriorizan, en el plano personal y social, los principios éticos y valores. Desde la perspectiva de la fe cristiana, articulada con el pensamiento de los profetas del Antiguo Testamento y las enseñanzas del Nuevo Testamento, se debe señalar que la raíz de la corrupción es la codicia que se manifiesta en la injusticia, que es negación de la dignidad de las personas. El desafío de los cristianos en un contexto de corrupción es no caer en lo que Wiens denomina[38] extremismos éticos de total aislamiento del mundo, que se traduce en una total indiferencia ante el problema, por un lado, o de participación ciega desprovista de una adecuada comprensión de aquél, por otro.

Conclusiones

Tenemos el desafío de no eludir, sino de enfrentar el problema de la corrupción arraigada en el tejido social. Es decir, no hay cabida para la indiferencia ni la neutralidad. Urge superar la actitud que, tanto en el plano individual como grupal, nos inmoviliza y desactiva las posibilidades de indignación frente al hecho corrupto. Si somos conscientes de sus efectos nocivos para el ejercicio del poder político, el funcionamiento de las instituciones públicas, el desarrollo de la economía, la lucha contra la pobreza, el funcionamiento de las reglas de convivencia social, la salud moral de la sociedad y el desarrollo pleno como seres humanos, entonces lo que corresponde hacer es enfrentar el problema. Necesitamos dejar de justificar o de participar en actos corruptos por pequeños que estos sean y, más bien, denunciarlos. De lo contrario, consciente o inconscientemente, hacemos que las prácticas corruptas se mantengan y se fortalezcan debilitando nuestra conciencia ética y, por tanto, facilitando condiciones para la vulneración de derechos ciudadanos.[39]

La corrupción debilita los principios éticos, los valores y la conciencia del bien común sobre los cuales se edifican las relaciones sociales. Al priorizarse la satisfacción de intereses particulares, se elimina el respeto de los demás. La corrupción no sólo busca legitimarse socialmente con la adopción de la conocida máxima "el fin justifica los medios", sino que también concreta resultados negativos cuando un

---

[38] Ídem.

[39] IPEDEHP, "Corrupción y ética pública". Disponible en www.ipedehp.org.pe/userfiles/Corrup%20y%20Etica%20Publica.pdf

creciente número de ciudadanos justifican que sus autoridades "roben, pero que hagan obras".[40] En la lucha contra la corrupción es necesaria la activa participación de la sociedad civil y de los funcionarios públicos. Para ello, es importante que, desde espacios como la familia, el barrio, la comunidad, la escuela, las iglesias y las instituciones públicas, se genere una conciencia de respeto a las normas del bien común y del sentido de la justicia. Es necesario transformar la concepción de solución asociada única y exclusivamente a un mecanismo punitivo (sanción), para pensar desde una visión más estratégica e integral que permita anticiparse y construir futuro desde el presente, en iniciativas orientadas a la prevención en términos de sensibilización, educación, organización y participación.[41]

---

[40] Ídem.
[41] Ibíd, p. 35.

Capítulo 8

Confrontando la injusticia

Fe, compromiso con la justicia e iglesias en América Latina

Vilma "Nina" Balmaceda

Introducción

¿Por qué un estudio empírico sobre el trabajo de personas cristianas en el campo social y su compromiso con la justicia en América Latina? La respuesta pareciera a primera vista ser bastante obvia para cualquier lector de la Biblia: Dios llama a su pueblo a hacer justicia. Algunos de los muchos pasajes en los cuales se expresa la voluntad de Dios de que quienes invoquen su nombre deben caracterizarse por buscar la paz y la justicia, son, por ejemplo, Isaías 1.17; Miqueas 6.8; Amós 5.24; Mateo 6.33; 23.23, etc.

Jesús de Nazaret confrontó, en no pocas ocasiones, a aquellos que se consideraban particularmente piadosos y que daban lecciones de "espiritualidad" al pueblo. En una oportunidad, les increpó: *¡Ay de ustedes, maestros de la ley y fariseos, hipócritas! Dan la décima parte de sus especias: la menta, el anís y el comino. Pero han descuidado los asuntos más importantes de la ley, tales como la justicia, la misericordia y la fidelidad. Debían haber practicado esto sin descuidar aquello* (Mt 23.23). Sin embargo, a pesar de los muchos y significativos pasajes sobre la justicia, la voluntad de Dios en la tierra, la intrínseca conexión entre injusticia, la opresión y la violencia en la Biblia,[1] el discurso y la

---

[1] La palabra hebrea más común en el Antiguo Testamento para referirse a un acto o situación de violencia es *jamas*, y se refiere a lo que es violento, que desafía la ley o que es esencialmente malo o injusto. El término bíblico es usado mayormente para referirse al abuso de un ser humano por parte de otro, y casi siempre se trata de una conducta condenada por Dios, de manera explícita o implícita.

práctica de muchas iglesias cristianas en América Latina no abundan en evidencias de enseñar el valor de la justicia ni promueven su construcción de manera práctica en la sociedad.

El 25 de enero de 2016 la organización no gubernamental Consejo Ciudadanos para la Seguridad Pública y Justicia Penal (ccspjp), en México, publicó su informe anual en el que se indica que de las 50 ciudades más violentas del mundo, 41 se encuentran en América Latina.[2] De acuerdo con datos de las Naciones Unidas recogidos en el 2014, un "tercio de los homicidios a nivel global ocurren en América Latina, aun cuando la región cuenta con sólo el 8 [%] de la población mundial".[3] En abril de 2014, informes sobre la incidencia de homicidios en el mundo señalaron que uno de cada tres homicidios en el mundo tuvo lugar en este continente.[4]

América Latina es también una región en la que sigue en aumento la población que se identifica como evangélica. Si bien hoy el término "evangélico" puede ser considerado controversial en algunos círculos, especialmente en Norteamérica, esto no es común en América Latina, donde el término se refiere típicamente a una persona cristiana que no es católica. Este artículo presenta los resultados de la primera fase de un proyecto de indagación empírica, centrado en investigar el significado de la fe cristiana entre personas evangélicas en conexión con el llamado bíblico a trabajar contra la injusticia y la violencia, y su percepción sobre el apoyo de sus respectivas congregaciones en la búsqueda de sociedades más justas en sus respectivos países.

Desde mediados de los años 70, en algunos círculos cristianos se ha usado el adjetivo "integral" para enfatizar la necesidad de comprender la amplitud de la misión de la iglesia que trasciende la predominante y reduccionista comprensión del ministerio cristiano limitado únicamente a temas "espirituales". Esta forma de ver la misión extiende

---

2   Consejo Ciudadanos para la Seguridad Pública y Justicia Penal. Informe Anual 2016. Citado por bbc Mundo, "El informe que dice que Caracas es la ciudad más violenta del mundo". 26 de enero de 2016. Disponible en http://www.bbc.com/mundo/noticias/2016/01/160125_venezuela_caracas_ciudad_violenta_dp

3   David Luhnow, Wall Street Journal, "Latin America Is World's Most Violent Region". 11 de abril de 2014. Disponible en http://www.wsj.com/articles/SB1000142405270230 36039045794958638837 82316

4   Sobre las causas de la violencia en América Latina ver: Kyra Gurney, Insight Crime, "Why are the World's Most Violent Cities in Latin America?". 21 de noviembre de 2014. Disponible en http://www.insightcrime.org/news-analysis/why-world-most-violent-cities-latin-america

su llamado a impactar todas las áreas de la vida, con un particular énfasis en la búsqueda de la justicia y la paz. La misión integral denuncia las barreras artificiales que se han levantado para limitar el poder del evangelio, especialmente en lo social, lo económico y lo político.[5]

Organizado en cinco secciones, este capítulo presenta, en primer lugar, el marco conceptual que ha guiado el estudio empírico. Luego, explica la metodología usada, las características demográficas de los participantes, y culmina señalando los principales hallazgos y conclusiones.

Marco conceptual

Las opiniones, las actitudes y los valores de las personas no se forman en el vacío. Típicamente la familia, la iglesia, los centros de estudio y el grupo social han sido reconocidos como los agentes de socialización más importantes.[6] Aun cuando la socialización política es un proceso de aprendizaje que dura toda la vida, es claro que la niñez y la adolescencia son periodos sumamente importantes durante los cuales se cimentan las convicciones y las actitudes que nos guiarán a responder de una manera u otra ante la realidad que nos rodea.

Este estudio busca identificar los agentes de socialización que han sido determinantes en formar las convicciones de los participantes con respecto a la lucha contra la injusticia. Sin minimizar las diferencias de mandato específico de sus organizaciones, los contextos y las metodologías que aplican los participantes en sus respectivas áreas de trabajo, esta investigación busca descubrir si existen patrones en cuanto a la motivación, el discurso y la acción de estos líderes cristianos en América Latina, y las consistencias o inconsistencias que se observan en sus propias comunidades de fe.

Metodología

El estudio empírico que se reporta en este artículo siguió una metodología preeminentemente cualitativa. La información obtenida

---

5 Ver C. R. Padilla, *Misión Integral. Ensayos sobre el Reino y la Iglesia*, Ediciones Kairós, Buenos Aires, 2012.

6 E. Greenberg and B. Page, *The Struggle for Democracy*, Pearson Press, London, 2011, pp. 130–131.

del levantamiento de datos se ha tratado de manera rigurosa, pero con un enfoque centrado no tanto en los números (que se usan más bien para organizar la información), sino en analizar con profundidad el contenido de la información provista por los participantes. Una particularidad inherente a la aproximación cualitativa es que no se pretende que los hallazgos representen al universo completo de cristianos dedicados a la justicia en América Latina.

El instrumento de investigación que se usó fue un protocolo de entrevista semiestructurada con formato de encuesta y con preguntas escritas preestablecidas, para permitir un mayor número de respuestas y facilitar la sistematización de éstas. Dicho instrumento consta de 36 preguntas, la mayoría de ellas abiertas, sin ejemplos previos ni respuestas sugeridas, salvo en el caso de preguntas cerradas (en las que el sujeto **debía responder simplemente** *sí* o *no*). Las preguntas cerradas se usaron **únicamente** para obtener datos demográficos de los participantes (sexo, edad, identificación cultural o **étnica, nacionalidad** y denominación religiosa). Los únicos casos en que se les propuso una pregunta cerrada (para responder *sí* o *no*) fue para identificar la vinculación que tienen con su congregación y si reciben apoyo o no de ella en sus esfuerzos contra la violencia y la injusticia. Luego se les dio la oportunidad de explicar sus percepciones.

Estas aclaraciones y las respuestas a las preguntas abiertas sustentan las conclusiones y los hallazgos presentados aquí. Estos se relacionan con el área de trabajo de los participantes, las responsabilidades específicas de su cargo, los tipos de injusticia que confrontan mediante su trabajo, las motivaciones que los inspiran y sustentan en su labor, las conexiones o tensiones entre su fe personal y su trabajo, así como su participación en una comunidad de fe.

Participantes

En cuanto a la selección de participantes, ni la investigadora ni ninguna persona de su familia respondió al instrumento. Tampoco lo hizo nadie que trabaja bajo su supervisión o con autoridad sobre la investigación. Todo esto con el fin de evitar cualquier conflicto de intereses o algún resultado deseado por personas que pudieran influenciar el estudio. Una prioridad para la investigadora fue poder entrevistar a personas con experiencia práctica en temas de incidencia pública, lucha contra la corrupción y la impunidad, reforma de la administración de justicia, desarrollo comunitario, salud pública, educación popular, justicia restaurativa y trabajo en prisiones, entre otras áreas directamente relacionadas con la promoción de la justicia.

La Sexta Consulta Trienal de Miqueas Global sobre Misión Integral y Shalom,[7] desarrollada en la ciudad de Lima del 14 al 18 de septiembre de 2015, brindó una oportunidad **única** para esta investigación. En esta consulta se convocó a líderes cristianos que trabajan en temas de paz y justicia en la que se preseleccionó a los participantes sin intervención ni sesgo posible por parte de la investigadora. Se aplicó el criterio de autoselección o autoexclusión, mediante el cual cada persona invitada a participar en el estudio debía decidir si consideraba que su trabajo estaba vinculado a la búsqueda de la justicia de manera directa o indirecta. Doce participantes leyeron el instrumento y decidieron no participar en el estudio. Un total de 60 personas de habla hispana y portuguesa lo hicieron voluntariamente. El 80 % (48) completaron el instrumento durante la celebración de la consulta. El 20 % restante (12) está constituido por personas recomendadas por los participantes y respondieron al instrumento mediante entrevistas vía Skype o en persona.

Los colaboradores en el estudio son 39 varones (65 %) y 21 mujeres (35 %), quienes representan áreas de trabajo en 14 países de América Latina; a saber, Argentina, Bolivia, Brasil, Colombia, Costa Rica, Ecuador, El Salvador, Guatemala, Haití, Honduras, México, Nicaragua, Perú y Uruguay. En cuanto al origen nacional, representan 16 países, entre los recién mencionados junto con Estados Unidos y el Reino Unido. En lo que respecta a su identidad **étnica** o trasfondo cultural de origen, la distribución es la siguiente: mestizo (50 %), caucásico (20 %), indígena (15 %), afro (5 %), otros (10 %).

En lo concerniente a la edad de los participantes, la mayoría (31 personas) es mayor de 46 y menor de 60. El segundo grupo más grande (21 personas) se encuentra entre 30 y 45 años. Cinco tienen más de 60, y apenas 3 se identificaron como menores de 30. Esta distribución indica que el 95 % contaba con experiencia sustancial de trabajo. Para sorpresa de la investigadora, no se encontraron diferencias sustanciales en la información brindada por las personas menores de 30 años en comparación con los demás grupos de informantes.

---

[7] Convocatoria a la Sexta Consulta Trienal de Miqueas Global. Disponible en http://www.micahnetwork.org/sites/default/files/doc/event/flyer_micah_gc_peru_14-18_sept_2015_vsp2_0.pdf

En cuanto al nivel educativo, es destacable observar que el 95 % de los entrevistados contaba con estudios universitarios terminados.[8] El siguiente cuadro muestra la distribución por nivel académico, pudiéndose apreciar que quienes participaron en el estudio cuentan con calificaciones académicas suficientes para entender las preguntas y reflexionar sobre estas.

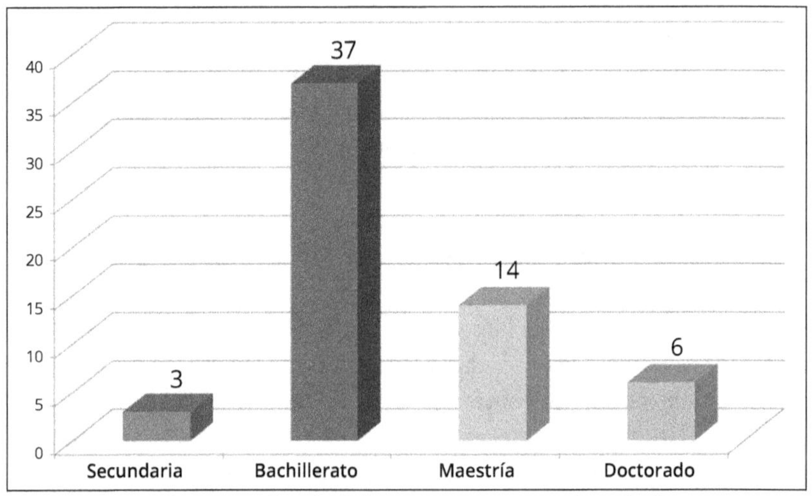

Gráfico 1: Distribución de los participantes por nivel académico

Sólo cuentan con estudios secundarios tres de los nueve **líderes indígenas** que participaron en el estudio, quienes, salvando enormes obstáculos sociales y económicos, se han puesto de pie contra la injusticia estructural que ha limitado sus posibilidades de progreso y defienden activamente los derechos de sus comunidades nativas.

Digna de destacarse es la gran variedad de campos de estudio presentes, lo que indica dos fenómenos relevantes. En primer lugar, que el trabajo para construir sociedades más justas se beneficia de personas formadas en distintas especialidades académicas. La diversidad de perspectivas profesionales es esencial para confrontar la complejidad de las expresiones de injusticia que existen. En segundo lugar, que las respuestas de los participantes no pueden ser explicadas sencillamente por el hecho de haber sido socializadas en determinado campo académico; por ejemplo, las ciencias sociales.

---

8 El grado universitario básico se llama "bachillerato" en la mayoría de los países de América Latina.

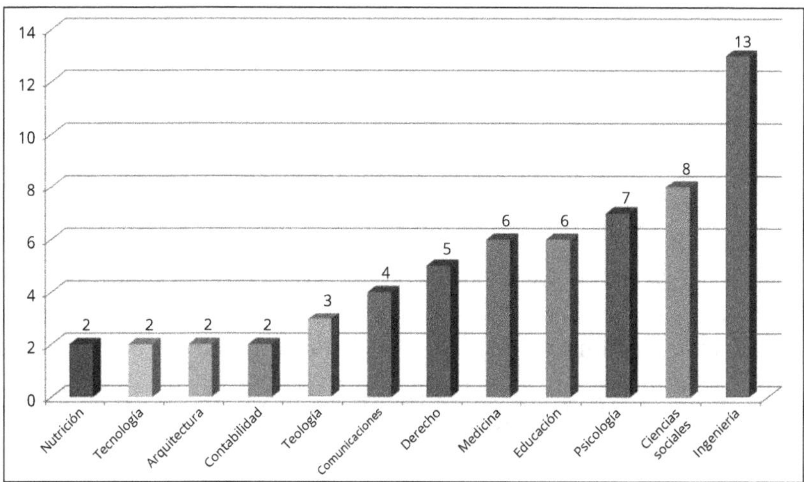

Gráfico 2: Campos de formación académica de los participantes

Un hecho también digno de considerarse es que 53 de los 60 participantes (más del 88 %) trabajan para una organización local. Esto significa que muchos de ellos carecen en la práctica de las condiciones de seguridad que tienden a estar asociadas con el trabajar para una organización internacional.

Con relación a la identificación religiosa, los gráficos 3 y 4 indican dos características importantes. Primero, que casi el 92 % se identifica como evangélico, y segundo, que el 90 % dcl total son creyentes que asisten regularmente a su iglesia local. Esto quiere decir que, contrariamente a lo que se podría pensar, la gran mayoría de participantes en este estudio no sólo tienen un compromiso serio con la búsqueda de la justicia en su sociedad, sino también un compromiso con su propia comunidad de fe.

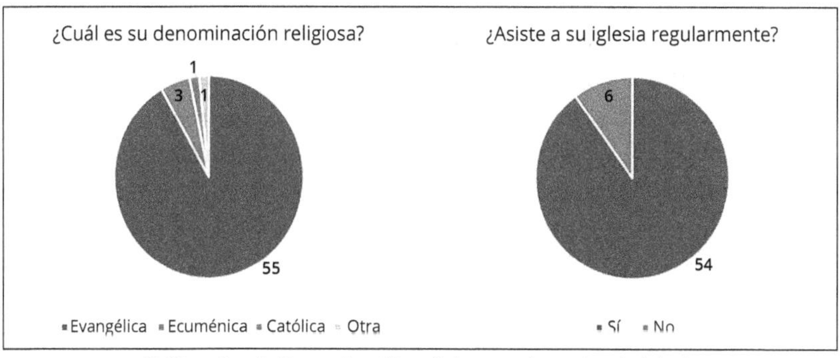

Gráficos 3 y 4: Denominación religiosa y asistencia a la iglesia

Principales hallazgos

Tipos de injusticia que confrontan con su trabajo

El gráfico 5 resume las 11 áreas principales identificadas por los participantes cuando se les preguntó qué tipos de injusticia confrontan mediante su trabajo.[9] Más de dos tercios (38) de los participantes designó la pobreza extrema como la expresión de injusticia que tratan de confrontar y explicaron que ella es la causa principal de la desigualdad, la vulnerabilidad ante la violencia y la falta de acceso a los servicios básicos, y que atenta contra la posibilidad de que las personas puedan desarrollarse con dignidad.

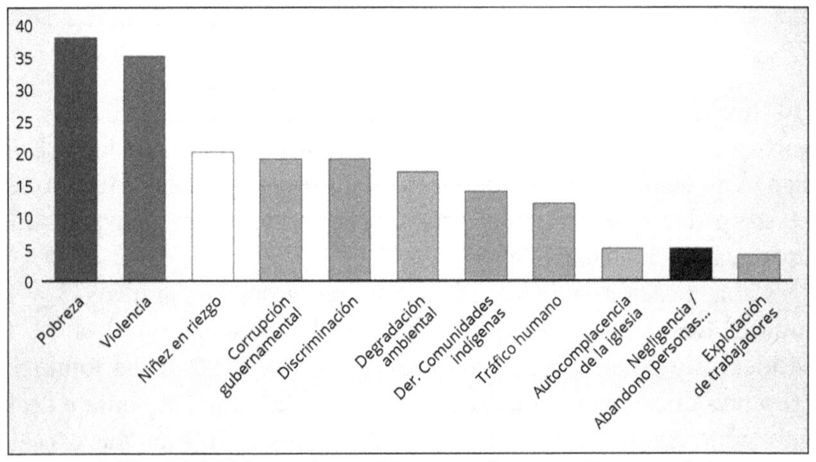

Gráfico 5: Injusticias que los participantes confrontan mediante su trabajo

Como se puede observar en este cuadro, **más del 58 %** (35) señaló la violencia como la expresión de injusticia central que confronta con su trabajo. De manera específica, una gran mayoría de los participantes señaló la reducción de la violencia doméstica y sexual como áreas en las que concentran sus esfuerzos.

Un tercio (20) nombró **su trabajo con niñas y niños** en riesgo como el área principal que desarrolla. Por otro lado, 19 participantes señalaron la corrupción en el sistema judicial y las instituciones públicas como un área clave en su trabajo contra la injusticia. Anotaron en particular

---

[9] Se solicitó a cada participante que identificara hasta tres áreas centrales en su trabajo.

el problema de falta de acceso a la justicia para las personas pobres, la impunidad, la pobre preparación de los operadores del sistema de justicia (jueces, fiscales, secretarios de juzgado, policías, etc.). Otros 19 participantes identificaron sus esfuerzos contra la discriminación por motivos de raza, género, condición económica, fe o discapacidad como un área central en su trabajo diario.

Un 28 % (17) de los participantes señaló la degradación del ambiente y el impacto del cambio climático como áreas importantes en su trabajo, mientras que poco más del 23 % (14) identificó la lucha por los derechos de las comunidades indígenas, en particular, en términos de la violación de los derechos sobre la tierra, el abandono gubernamental, y el abuso de poder en la explotación de recursos por compañías nacionales y extranjeras en territorios indígenas. Terminando con los grupos de respuestas más comunes, es destacable que el 20 % (12) de los participantes identificó la prevención del tráfico de personas como un área central en su trabajo.

Resulta muy interesante que cinco participantes (8.3 %) identificaron la "autocomplacencia de la iglesia frente a la injusticia en la sociedad",[10] así como dentro de la propia iglesia, como áreas de atención en su trabajo. Otros cinco participantes nombraron el abandono de personas vulnerables (por ejemplo, personas con problemas mentales o emocionales, con discapacidad física y personas adultas mayores) como el área de concentración de su labor, y cuatro participantes (6.6 %) identificaron como su área de trabajo la búsqueda de justicia por violaciones a los derechos de los trabajadores, las malas condiciones de empleo o subempleo y el abuso de la necesidad económica de las personas pobres.

Conexión entre fe y trabajo

Al preguntarles respecto a si observaban una conexión directa y específica entre su fe y el trabajo que realizan para contrarrestar la injusticia en la sociedad, la respuesta fue clara: el 100 % respondió que la principal razón que los motiva y sustenta al confrontar la adversidad es su fe cristiana. Si bien la forma específica en que cada participante entiende dicha fe y las demandas de Dios sobre su vida

---

10 Palabras textuales de un participante peruano. Otras formas de referirse a esta área de trabajo fueron "sensibilizar a la iglesia frente a las necesidades de la comunidad" y "despertar a la iglesia".

ha de tener definitivamente matices, resulta muy interesante destacar que los factores que los participantes identificaron para explicar la conexión entre su fe y su labor contra la violencia y la injusticia son bastante consistentes. El gráfico 6 resume en 11 grupos de ideas los factores propuestos por los participantes cuando se les preguntó sobre el fundamento de su compromiso con la población a la que sirven. Como puede observarse, todos tienen una vinculación muy cercana a las enseñanzas de la Biblia, pero es interesante notar que ninguno hizo referencia a su iglesia local como un factor importante para sostener este compromiso.

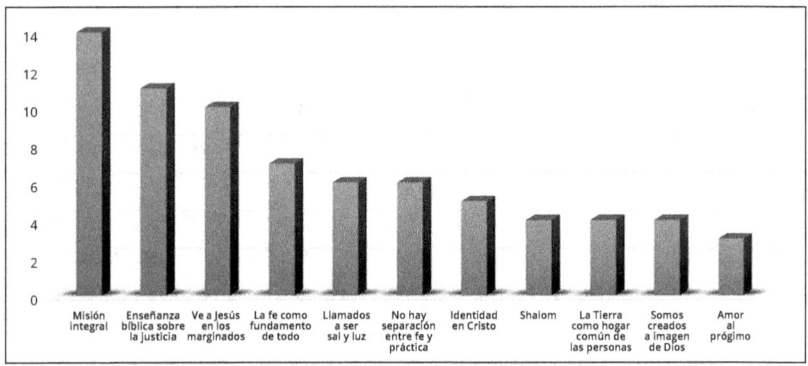

Gráfico 6: Factores que sostienen su compromiso con la población a la que sirve

Cuando se les preguntó si quizá habría otros factores en vez de su fe que podrían explicar mejor su compromiso con la justicia, el 100 % dijo que no lo había. Al indagar sobre qué factor adicional a su fe podría **ayudar a explicar** la raíz de dicho compromiso, las respuestas que los participantes articularon pudieron clasificarse en cinco grupos:

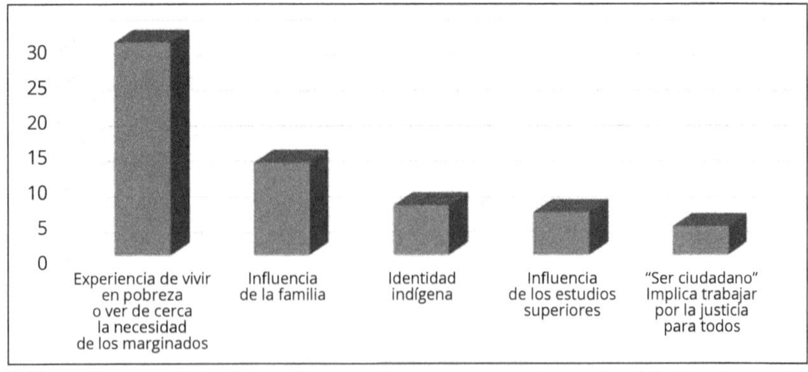

Gráfico 7: Factores adicionales a su fe que sostienen su compromiso con la población a la que sirve

El 50 % (30) identificó su propia experiencia de haber vivido en la pobreza o ver de cerca la necesidad de las personas marginadas. Muy relacionado con esto, otras 7 personas nombraron específicamente la experiencia de ser miembro de un grupo social marginado ("identidad indígena"), lo cual da un total de casi 62 % (37) de informantes que destacaron la importancia de la experiencia personal, sea porque saben lo que es vivir en marginación o debido a que han podido observar de cerca a aquellos que la sufren.

El 25 % (15) de los participantes reconoció el importante rol cumplido por su familia en la formación de sus valores y su compromiso con la justicia, mientras que otros 6 participantes mencionaron la influencia de sus estudios en formar sus convicciones, y otros 4 se refirieron a su comprensión de lo que significa ser un verdadero ciudadano.

La iglesia y el trabajo por la justicia

Dado que los 60 participantes respondieron de manera contundente respecto al importante rol que su fe cristiana tiene en su compromiso con la justicia y, tomando en cuenta que 54 de ellos asisten regularmente a una iglesia local, quizá el lector se sorprenderá al ver los resultados que aparecen en el gráfico 8 ante la pregunta: "¿Encuentra usted que su iglesia le ofrece apoyo concreto en sus esfuerzos confrontando la injusticia?".

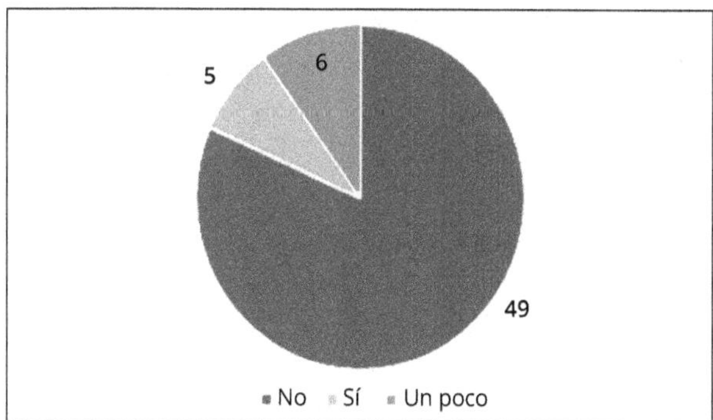

Gráfico 8: Apoyo de la iglesia

De los sesenta participantes, cinco respondieron que "sí" y otros seis dijeron que "un poco", aunque la pregunta cerrada invitaba a elegir simplemente "sí" o "no". De estos participantes, cabe notar que dos son pastores de su iglesia local y una es la esposa del pastor de su iglesia.

Otros cinco de estos participantes explicaron que el apoyo que recibían era oración de vez en cuando. Un participante católico, al responder que sí, manifestó que se refería específicamente al apoyo recibido de monjes franciscanos en su trabajo con inmigrantes.[11] Otra participante afirmó que su iglesia la apoya porque se trata de "una iglesia muy poco común, horizontal, sin jerarquías y sin un discurso único [...]".[12]

Al solicitar a los participantes que explicaran por qué creen ellos que su iglesia no apoya sus esfuerzos en el campo de la justicia, surgieron 6 grupos de respuestas, que se resumen el gráfico 9. Los tres primeros son sumamente consistentes entre sí. El primer factor, identificado por 18 participantes es el énfasis de las iglesias evangélicas en entender la misión cristiana como una que se reduce a "salvar almas". En la misma línea, otros 13 participantes mencionaron la falta de comprensión de la misión integral en las iglesias, y 12 que su iglesia no entiende la justicia como un "ministerio", lo cual dio un total de 72 % (43) de participantes que identificaron la limitada comprensión de lo que es hacer "ministerio" por parte de sus iglesias.

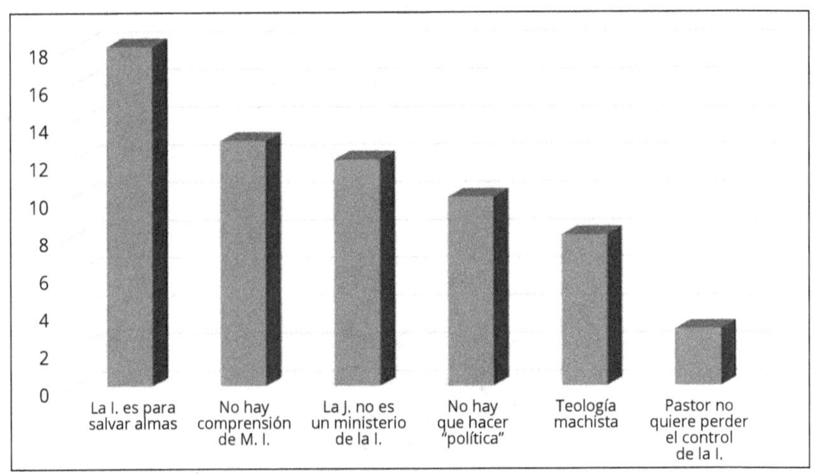

Gráfico 9: ¿Por qué la iglesia no apoya sus esfuerzos por la justicia?

Diez personas mencionaron el temor de los líderes de sus iglesias a "hacer política", y otros ocho denunciaron la predominancia de una teología machista. Finalmente, dos participantes mencionaron que una

---

[11] Participante estadounidense que trabaja en América Central.
[12] Participante de Córdoba, Argentina.

razón importante por la que no recibían apoyo de su iglesia era el temor de sus pastores de "perder el control" sobre la congregación.

Conclusiones

En un mundo dominado por la competencia y el consumismo, donde el "éxito" tiende a ser equiparado con la acumulación de riqueza material, es bastante esperanzador poder encontrar a personas que han elegido dedicar sus conocimientos, esfuerzos y determinación a incrementar las oportunidades en favor de quienes carecen de ellas y reducir el sufrimiento del prójimo, incluso de aquellos rechazados por su propia sociedad.

Tomando como fuente de conocimiento las percepciones de sesenta de estas personas dedicadas a defender los derechos de las comunidades más vulnerables en contextos de violencia e injusticia en América Latina, las conclusiones que se presentaron, por ser derivadas de un estudio cualitativo, son válidas únicamente respecto de los participantes en esta investigación y sus respectivas comunidades de fe. Sin embargo, es posible inferir ciertos patrones en las motivaciones y en la rica experiencia que compartieron los líderes que participaron en este estudio.

La motivación para el duro, desafiante y, a veces, ingrato trabajo de los participantes nace de su compromiso de fe. Estos sesenta varones y mujeres están convencidos de que a Dios le interesa que se haga justicia a las personas que sufren violencia y marginación. Entienden su fe no sólo como un concepto abstracto o un dogma, sino como una demanda concreta que tiene implicancias prácticas en la vida diaria, no solamente para ellos individualmente, sino frente a la sociedad.

Este estudio ha encontrado que, además de la comprensión de la enseñanza bíblica sobre la justicia y la misión integral, un factor muy importante para sostener el compromiso con el servicio a poblaciones marginadas es la experiencia personal previa, sea que la persona haya experimentado en su propia vida la violencia, la escasez, la exclusión o la discriminación, o que haya tenido la oportunidad de poder ver de manera cercana el impacto de la injusticia en la vida de otras personas.

Es preocupante observar que, a pesar de que casi todos los participantes se identifican como evangélicos y asisten regularmente a una iglesia, y no obstante el gran potencial y energía que tienen muchas congregaciones evangélicas en América Latina, en su gran mayoría estas personas no reciben apoyo de sus respectivas congregaciones más allá del ocasional apoyo en oración.

Nos hemos reunido en esta conferencia para analizar las causas y el impacto de la corrupción en América Latina. Mientras que queda claro que la lucha contra esta forma de injusticia requiere de estrategias gubernamentales definidas y apropiadas, los programas gubernamentales nacionales e internacionales de reforma no serán suficientes sin un cambio cultural en términos de los valores que caracterizan a la ciudadanía.

En este aspecto, es inmensa la potencial contribución de las comunidades de fe en este esfuerzo. Las implicancias de los hallazgos de este estudio, sin embargo, no son muy optimistas. Si bien, por un lado, las enseñanzas del evangelio de Jesús de Nazaret son muy claras en términos de las responsabilidades cívicas a nivel individual y colectivo de los cristianos, en particular en lo que respecta a aliviar el sufrimiento del prójimo marginado (recordamos que las víctimas que sufren más el impacto de la corrupción son las personas más pobres), no parece ser que haya muchas congregaciones preparadas para confrontar expresiones de injusticia como la corrupción en sus respectivas sociedades ni dispuestas a apoyar de manera concreta y efectiva a aquellos que deciden enfrentarla. El desafío, entonces, es inmenso: ampliar la comprensión del rol de la iglesia como agente de transformación en su respectiva comunidad, yendo más allá de la transformación individual entendida como una expresión puramente espiritual y relativamente pasiva, a un activo compromiso con la vida, la justicia y la paz de manera integral.

Capítulo 9

Repensando estrategias de incidencia pública desde la denuncia profética

Reflexiones desde la experiencia peruana

Rolando Pérez

A diferencia del pasado, hoy se construyen diversos discursos y variadas estrategias respecto de la incidencia pública desde el campo evangélico latinoamericano. Sin embargo, cada iniciativa de incidencia y apropiación del poder en la esfera pública desde las comunidades o redes vinculadas a las iglesias da cuenta de determinadas lógicas, racionalidades e intencionalidades teológicas y políticas.

Es interesante observar que aquellos que en el pasado se resistían a salir de las cuatro paredes para encontrarse y caminar entre los pasillos y los espacios de la política, hoy no sólo han dejado de cuestionar la participación de las organizaciones vinculadas a las iglesias en las instancias y espacios de incidencia política, sino que han empezado a ver y concebir lo público como un campo estratégico para visibilizar y empoderar sus discursos y prácticas religiosas.[1]

Por ello, resulta pertinente rescatar la experiencia de aquellos grupos y redes que —desde su inserción ciudadana en los pasillos de la sociedad civil— impulsan iniciativas de incidencia pública en contextos en el que la corrupción acentúa la pobreza, legitima la exclusión y normaliza la violación de los derechos humanos. Precisamente, a partir de estos rostros y rastros de la iglesia plantearé algunas reflexiones y desafíos para repensar las estrategias de incidencia pública desde la denuncia profética.

---

[1] Rolando Pérez, "Discursos y prácticas teológicas en la plaza pública. Una mirada desde el campo evangélico peruano", en *Teología pública: un debate a partir da América Latina*, edits. R. von Sinner y N. Panotto, Facultades EST/GEMRIP, San Leopoldo, 2016.

Dos lógicas de incidencia pública desde lo evangélico

El caso peruano da cuenta de por lo menos dos lógicas respecto de la comprensión de la protesta social y la incidencia pública desde el campo evangélico. Primero, la lógica de la incidencia pública desde la perspectiva de la defensa y la batalla moral, por la cual muchos grupos evangélicos asumen que ellos han acumulado un capital moral que les da autoridad suficiente para participar activamente en los procesos de cambio social. En el marco de esta tendencia, podemos ubicar a aquellas movilizaciones de protesta o iniciativas de determinados grupos evangélicos que buscan incidir en las políticas públicas y que ponen un especial énfasis en el abordaje de aquellos problemas que corresponden a su particular agenda religiosa, como el aborto, la homosexualidad, la libertad religiosa —más que igualdad religiosa—, la familia, etc.

Estos esfuerzos, que revelan una intención por apropiarse de lo público desde una particular agenda moral religiosa, se basan en la perspectiva de lo que Michael P. Young denomina la protesta confesional,[2] cuya estrategia, por un lado, asume el tratamiento de los problemas sociales como un pretexto para legitimar públicamente su discurso confesional sobre la moralidad. Por otro lado, esta lógica de construcción de la protesta social se afirma sobre la base de una estrategia defensiva, en tanto que estos grupos religiosos expresan su opinión o se movilizan masivamente en el momento en que asumen que aquellos valores morales que los sostienen están siendo contrarrestados en la agenda pública o amenazados y deslegitimados desde el poder político. Por ello, implementan una serie de estrategias públicas para influir en los decisores políticos y colocar su voz en los medios y espacios de comunicación.[3]

Aquí es interesante observar que, a diferencia del pasado, la estrategia proselitista de estos grupos ya no se reduce sólo a la prédica del cambio personal o individual. Más bien, el concepto individualista de la conversión empieza a ser resignificado, sacrificándolo, pero sólo circunstancialmente, por el discurso de la influencia social. Sin embargo, esto no implica necesariamente una renuncia a la tradición

---

[2] M. P. Young, "Confessional Protest: The Religious Birth of U. S. National Social Movements", *American Sociological Review* 67 (2002), pp. 660–668.

[3] Pérez, *Discursos y prácticas teológicas en la plaza pública*, pp. 68.

conversionista que ha marcado la identidad de importantes sectores en el campo evangélico, sino que se trata, más bien, de un reposicionamiento estratégico para ganar legitimidad y reconocimiento en la esfera pública.

Por otro lado, esta tendencia se afirma en aquella cosmovisión religiosa por la cual "los imperativos morales contienen una capacidad inherente para evaluar la realidad presente como inmoral, injusta e inaceptable".[4] En ese sentido, las protestas animadas desde esta cosmovisión religiosa constituyen para sus impulsores una estrategia adecuada para ayudar a los creyentes o fieles a reafirmar públicamente sus principios y valores de fe, y contrastarlos con los "valores mundanos".

Segundo, encontramos la lógica de la incidencia pública como afirmación de una espiritualidad ciudadana. En ella, la práctica de grupos, redes y movimientos ha logrado conciliar los valores de fe con la promoción de los derechos y la defensa de la justicia. Estos grupos constituyen lo que James Jasper llama *ethical resisters* (de resistencia ética),[5] en cuanto conectan su rol en la sociedad con las demandas éticas que traen consigo el abordaje de los problemas sociales desde las causas estructurales.

Por otro lado, desde el marco de esta tendencia, los significados que estos actores religiosos desarrollan constituyen, como sostiene Donileen Loseke,[6] discursos socialmente compartidos, estableciéndose en productores de una cultura religiosa extendida, más allá de los pasillos eclesiásticos. Por ello, desde su cosmovisión religiosa participan en aquellas instancias e iniciativas de protesta social que se construyen desde la sociedad civil.

Esta perspectiva de la incidencia pública, aquella que se sostiene en la lógica de la denuncia profética, contrasta con la aproximación donde lo público se define en una lógica teológica donde los cristianos tienen el mandato de conquistar los puestos y los espacios públicos estratégicos. Esto se busca para incidir en la vida política de la sociedad poniendo en juego una suerte de reactualización y resignificación de aquella tradicional cosmovisión teocrática del poder político, y desde

---

[4] C. Smith, *Disruptive Religion: The Force of Faith in Social-Movement Activism*, Routledge, London, 1996, p. 11.

[5] J. M. Jasper, *The Art of Moral Protest: Culture, Biography, and Creativity in Social Movements*, University of Chicago, Chicago, 1997.

[6] D. R. Loseke, *Thinking about Social Problems: An Introduction to Constructivist Perspectives*, Aldine De Gruyter, New York, 1999.

la cual "se asume que los gestores de la fe tienen un imperativo moral o un mandato cultural (mesiánico) para extender su dominio religioso sobre todas las estructuras de la sociedad".[7]

Desde esta línea, en los últimos años se vienen gestando iniciativas de incidencia en contextos locales en donde los agentes de la iglesia se encuentran interpelados frente a la acentuación de problemas cruciales que lesionan la cultura de los derechos y la afirmación de la justicia. El testimonio profético de muchos de estos grupos no sólo significa una aproximación no conservadora al abordaje de los problemas sociales, sino que construye nuestras formas de cooperación con otros actores de la sociedad civil que desde hace muchos años vienen construyendo resistencias ciudadanas contra la violación de los derechos humanos y los sistemas exclusión.

Dos casos para el aprendizaje

Quisiera repensar las estrategias de incidencia pública a partir de la lógica de la segunda tendencia, es decir, desde aquellas fronteras, rostros y liderazgos de la iglesia que ejercen la labor pastoral y misional en contextos en los que la corrupción acentúa la pobreza, legitima la exclusión y normaliza la violación de los derechos humanos. En ese sentido, comparto aquí dos casos que ilustran la lógica de la incidencia pública desde la perspectiva profética.

Caso 1: Activistas evangélicos incidiendo en favor de los derechos ambientales

La Oroya es una de las localidades más pobres del Perú. Está ubicada en la provincia de Yauli, Junín. Según el *ranking* del Instituto Blacksmith de los Estados Unidos de Norteamérica, La Oroya se ubica entre la quinta ciudad más contaminada en el mundo. Esta zona fue el escenario para la formación del Movimiento por la Salud de La Oroya (MOSAO), impulsado por diversas organizaciones de la sociedad civil, y que jugó un papel clave no sólo para visibilizar el problema de la contaminación ambiental en dicha localidad, sino también para movilizar a la ciudadanía para la resistencia y la protesta frente a la afectación de los derechos de la comunidad. La ausencia o permisividad del Estado había

---

⁷ J. Pottenger, *Reaping the Whirlwind: Liberal Democracy and the Religious Axis*, Washington, Georgetown University Press, 2007, p. 77.

permitido que la empresa minera norteamericana Doe Run continuara operando aun cuando desde hacía más de diez años había incumplido reiteradamente sus compromisos ambientales, tal como lo contempla la legislación ambiental peruana.

La influyente revista IDEELE resume así los hechos que generaron el conflicto social en esta localidad:

> Desde que se instaló en La Oroya, Doe Run ha tratado de evadir sus compromisos ambientales solicitando, en reiteradas ocasiones, la extensión del plazo del cumplimiento del Programa Gubernamental de Adecuación al Manejo Ambiental (PAMA). Su única oposición ha sido un grupo de ONGS agrupadas en el Consorcio Unión para el Desarrollo Sustentable de la Provincia de Yauli, La Oroya (UNES), que fundaría el Movimiento por la Salud de La Oroya (MOSAO) [integrada por varias organizaciones de la sociedad civil, incluyendo grupos vinculados a las iglesias].[8]

Efectivamente, grupos vinculados a la Iglesia Católica y la Evangélica fueron claves en la estrategia de incidencia que generó un gran movimiento de protesta más allá del ámbito local, y que detuvo la operación de la empresa y, por ende, la contaminación en la localidad. La red presbiteriana Uniendo Manos contra la Pobreza y, particularmente, la organización Filomena Tomaira Pacsi, impulsada por mujeres evangélicas, jugaron un rol fundamental en la campaña de incidencia en favor de la salud y los derechos ambientales de la comunidad. En este emblemático caso se puede observar, en primer lugar, el modo como los agentes de las comunidades de fe proveyeron un capital importante a las acciones de incidencia combinando recursos micro, claves para la movilización (sensibilizando a la gente, creando puentes de solidaridad, activando las redes de apoyo y acogiendo a los afectados).

Otra de las contribuciones de los agentes eclesiásticos se relaciona con la implementación de una creativa estrategia de comunicación, y esto, a través de la recreación de los tradicionales rituales religiosos, usándolos como espacios de mediación comunicacional para sensibilizar y visibilizar la problemática de la violación de los derechos ambientales en aquellas comunidades afectadas por la operación de las industrias extractivas. Esta recreación de la ritualidad religiosa tiene un

---

8 Revista IDEELE 247 (2015). Disponible en http://revistaideele.com/ideele/revista/247

valor pedagógico clave, tanto para los afectados como para los activistas que trabajan alrededor de los derechos ambientales. Al igual que en este caso, en muchas campanas de incidencia en apoyo a las comunidades afectadas por los efectos de la extracción minera, los actos litúrgicos y "jornadas de oración pública" en favor de las comunidades fueron fundamentales para la concientización, tanto en la ciudadanía como en los operadores judiciales y políticos.

Caso 2: Mujeres evangélicas incidiendo en favor de los derechos de las niñas

El segundo caso ocurrió en la ciudad de Huánuco, ubicada en la región norcentral del país. Huánuco es uno de los seis departamentos más pobres del país y ocupa el décimo entre los que presentan mayor tasa de denuncias de violencia sexual. En 2012 esta ciudad registraba 758 casos de abuso sexual infantil, pero los magistrados de justicia emitían resoluciones cuestionables para favorecer con ellas la liberación de agresores sexuales de niñas y adolescentes, pues las mafias de los perpetradores corrompieron a los jueces para juzgar en contra de las víctimas de las violaciones. De acuerdo con las denuncias registradas por la comisión de delitos de violación de la libertad sexual (término usado por el Ministerio Público), entre los años 2000 y 2014, Huánuco figuraba en el décimo lugar en relación con el número absoluto de casos denunciados. Según la información del distrito fiscal hasta abril del 2015, el total de casos denunciados en todo el periodo histórico considerado asciende a 5761.[9]

En este contexto, más de doscientas madres indignadas decidieron crear una organización para hacer escuchar su voz frente a este atropello y la llamaron Asociación TAMAR, referencia bíblica puesta por un grupo de mujeres cristianas evangélicas que jugaron un rol clave en la creación de este colectivo de protesta. Estas mujeres se unieron para defender, junto con otros actores de la sociedad civil, los derechos de sus hijas. Luego de una larga campaña de incidencia pública —que consistió en el desarrollo de acciones como la sensibilización de la población, la influencia en los medios, la presión en los tomadores de decisión— lograron algo que parecía increíble. Gracias a los

---

9 R. Gamarra y otros, *Estudio sobre las causas de la prevalencia de la violencia sexual contra niños, niñas y adolescentes en las provincias peruanas de Huánuco y Leoncio Prado*, Paz y Esperanza/Save The Children, Lima, 2015.

esfuerzos de incidencia impulsados por el colectivo ciudadano local, en el que participaron grupos vinculados a las iglesias, lograron que el Consejo Nacional de la Magistratura decidiera no ratificar a los jueces cuestionados por liberar a procesados por violación de menores en la región. Por otro lado, a raíz de esta iniciativa ciudadana, los medios de comunicación emprendieron campañas de vigilancia frente a la corrupción en el ámbito del sistema judicial regional.

Aprendizajes para la incidencia desde estas experiencias de protesta profética

Desde este marco, quisiera plantear algunos desafíos para las iglesias, movimientos y redes cristianas en términos de repensar la participación ciudadana y la incidencia política desde la perspectiva de la misiología profética.

Acompañar para el fortalecimiento de iniciativas proféticas locales que se construyen desde la sociedad civil

Uno de los desafíos proféticos para las comunidades de fe en la lucha contra la violación de los derechos, de la cual una de sus causas es la construcción de sistemas y culturas de corrupción, pasa por construir una presencia pública que asuma la acción profética desde las fronteras ecuménicas y ciudadanas más amplias. Esto demanda, por un lado, una permanente y estratégica inserción en los espacios y procesos que se construyen desde la sociedad civil, así como desde aquellas instancias políticas donde se construyen y se gestionan las políticas públicas. Precisamente, en los dos casos que compartimos, los miembros de las organizaciones evangélicas levantaron su voz de indignación y se involucraron en las campañas de incidencia desde su pertenencia a los colectivos de la sociedad civil. La experiencia de estos activistas evangélicos da cuenta de que esta lógica de la incidencia pública demanda la construcción de puentes permanentes de diálogo e interacción con los actores políticos y líderes de opinión claves. Esto implica, por un lado, entrar a la conversación y el debate público, no sólo sobre aquellos temas o problemas vinculados a los intereses estrictamente religiosos, sino fundamentalmente a los que corresponden al bien común, a los intereses públicos y a las demandas ciudadanas.

Por otro lado, esta lógica de la incidencia pública requiere repensar una teología pública conectada con una pastoral de la ciudadanía.[10] De este modo, esta perspectiva nos invita a pensar en la importancia de construir una pastoral pública que posibilite el involucramiento activo de los miembros de las comunidades de fe en los procesos ciudadanos locales; pero, al mismo tiempo, requiere construir acciones pedagógicas que ayuden a los cristianos y cristianas a construir una espiritualidad que se haga carne en la militancia permanente en los movimientos de defensa de los derechos y la vigilancia ciudadana.

Al respecto, Clarence Y. H. Lo[11] sostiene que aquellos grupos religiosos que desarrollan una activa participación en movimientos o esfuerzos ciudadanos que procuran cambios estructurales de la sociedad pueden constituirse en una suerte de "comunidad de desafiadores", en cuanto pueden jugar el rol de aquellos que tienen la capacidad y el espíritu para desafiar, alentar o (re)animar a los movilizadores sociales y activistas ciudadanos, a fin de lograr aquellos cambios sociales que no necesariamente se consiguen a corto plazo. Clarence considera que los grupos religiosos adquieren la condición de desafiadores para el cambio porque su motivación trasciende los intereses que están marcados por las contingencias políticas coyunturales.[12]

En ese sentido, las iniciativas de incidencia púbica, construidas desde las comunidades de fe, orientadas a abordar o resolver los problemas sociales que devienen de los sistemas de corrupción y violación de los derechos, requieren el fortalecimiento de capacidades que permita que los agentes de fe se inserten estratégicamente en la lucha política disruptiva.

Por ello, necesitamos aprender de la experiencia de aquellos grupos que desde las comunidades locales se han insertado en las redes ciudadanas. Una reciente investigación sobre el papel de los grupos religiosos en los contextos de la conflictividad socioambiental[13] permite ver la forma como se resignifican los múltiples modos de asumir,

---

[10] R. von Sinner, "Brazil: From Liberation Theology to a Theology of Citizenship as Public Theology", *International Journal of Public Theology*, 1/3–4 (2007), pp. 338–363.

[11] C. Y. H. Lo, "Community of Challengers in Social Movement Theory", en *Frontiers in Social Movement Therory*, edits. i. Morris y C. McClurg, Yale University Press, New Haven, 1992.

[12] Ibíd.

[13] Rolando Pérez, "El capital religioso en la protesta social: El rol de los actores religiosos en los conflictos socio-ambientales en Perú". Ponencia presentada en el Congress of the Latin American Studies Association, New York. 27/5/2016.

concebir y practicar esta suerte de espiritualidad pública contestataria en el espacio público.

Estos casos dan cuenta del papel relevante de agentes vinculados a las comunidades de fe en las acciones de protesta y la movilización social en favor de acciones contra la impunidad, la injusticia y la violación de los derechos. Aquí quisiera señalar cinco maneras en que el capital religioso puede incidir en la movilización social en este nivel:

a. Los grupos religiosos pueden jugar un rol clave en los procesos de empoderamiento de los movimientos sociales en el espacio público, a fin de desarrollar incidencias efectivas para generar cambios tanto en las prácticas ciudadanas como en la gestión pública.

b. Las instituciones y grupos religiosos pueden proveer una serie de "repertorios de movilización" que corresponden a los recursos macros, como los *lobbies* políticos para la incidencia, la creación de puentes con actores influyentes (decisores) y activistas internacionales, así como redes transnacionales de comunicación. En el caso de La Oroya, los grupos presbiterianos y jesuitas movilizaron a religiosos en la sede de la empresa que administraba el complejo metalúrgico en esa localidad. Esto ayudó, como en otros casos, a diversificar los repertorios de movilización e incidencia. La conexión con estas redes fortaleció la coalición de organizaciones ambientalistas que lideraron la campaña de incidencia en favor de la comunidad de La Oroya.

c. Los grupos vinculados a las iglesias pueden proveer una perspectiva ética de la acción política que proviene de la cosmovisión religiosa profética, logrando así que la protesta política devele el modo como los actos de corrupción tienen, entre otros factores, su origen en el resquebrajamiento de los valores morales y los sentidos de la vida en comunidad. Precisamente, necesitamos develar que la corrupción tiene que ver con la forma en que no sólo pone en cuestión la ética del bien común, sino que, además, pone en relevancia la acentuación del enriquecimiento de unos en detrimento del desarrollo y la vida de los que menos tienen, de los históricamente excluidos.

Desde esta perspectiva de la acción profética, la opción teológica de los actores de fe comprometidos con la causa de los derechos en este caso da cuenta de que la experiencia de la indignación rompe con aquellas concepciones y prácticas instrumentalistas de lo ético. Se trata, más bien, de lo que Juan José Tamayo denomina ética de la alteridad, que implica no sólo la afirmación de los gestos de solidaridad y compasión eventual o circunstancial por el prójimo, sino, fundamentalmente, crear las condiciones para que el otro sea incorporado a la comunidad, recupere su lugar en la vida política y participe activamente en la vida pública.[14]

Pasar de la solidaridad distante al empoderamiento de los afectados

No es posible desarrollar incidencias públicas desde lo profético si se conducen desde el liderazgo institucional distante a los afectados por los sistemas y culturas que generan violaciones de los derechos. En ese sentido, las iniciativas de incidencia pública deberían contribuir a la visibilidad y el empoderamiento de los rostros y voces de nuestras hermanas y hermanos que sufren las consecuencias de los sistemas de corrupción. Tanto en el caso de La Oroya como en el de Huánuco, los activistas y agentes de incidencia invirtieron muchísimo tiempo y esfuerzo para que las personas afectadas participaran activamente en todo el proceso de la campaña. Por ejemplo, fue gratificante ver a las mujeres de la Asociación TAMAR sosteniendo reuniones con los políticos con alto poder de decisión, e interpelándolos para que asumieran su responsabilidad en la solución del problema.

Esta lógica de la incidencia pública se basa no sólo en acciones o eventos de solidaridad y compasión con aquellos que experimentan la afectación de sus derechos, sino que además contribuye a la creación de condiciones para que el otro/a sea incorporado/a a la comunidad, recupere su lugar en la vida política y se lo reconozca en sus capacidades plenas para disfrutar de la vida plena. La acción pastoral puede constituirse en un proceso que contribuya a visibilizar no sólo el rostro de los excluidos, sino también las maneras en que los sistemas de exclusión y desigualdad social que contaminan la cultura de la deliberación afectan las relaciones entre los ciudadanos y anulan el ejercicio del poder democrático, participativo e inclusivo en la esfera pública. Esta perspectiva de la acción pastoral nos invita a pensar que el quehacer teológico no puede ser tal si no incorpora en su acción

---

[14] J. J. Tamayo, *Otra teología es posible: Pluralismo religioso, interculturalidad y feminismo*, Biblioteca Herder, Barcelona, 2011.

pública la ética de la alteridad, que implica colocar en la agenda pública el reconocimiento de las demandas y los derechos de aquellos sectores históricamente negados, excluidos y silenciados.

En suma, esta lógica de acción pública de las iglesias nos invita a repensar la incidencia pública. Las experiencias compartidas nos llevan a pensarla más allá de una campaña de solidaridad o de un evento de protesta o presión para resolver un problema puntual de injusticia. Se trata de incidir en las instancias, espacios y sistemas que generan prácticas de injusticia para contribuir a la construcción de una sociedad basada en la igualdad, la justicia y el respeto a los derechos humanos. Se trata, como diría Dietrich Bonhoeffer,[15] no sólo de vendar las heridas de las victimas atropelladas por las ruedas de la injusticia, sino de impulsar el cambio en las ruedas que atropellan.

Activar y fortalecer las redes internacionales construidas desde las iglesias

Uno de los factores claves para el éxito de la campaña de incidencia pública en los casos mencionados fue la presión internacional impulsada por organizaciones, iglesias y redes evangélicas, a través de cartas dirigidas a los decisores, movilizaciones públicas y actos litúrgicos en favor de los afectados.

Precisamente, un capital valioso de las comunidades de fe lo constituye la gran red de iglesias y organizaciones cristianas que tenemos alrededor del mundo, que puede contribuir no sólo a generar una cadena de solidaridad más amplia, sino también a desarrollar una mayor presión política.

En el caso de la campaña en favor de los afectados en la comunidad de La Oroya, los grupos vinculados a la Iglesia Presbiteriana en los Estados Unidos de Norte América y la comunidad católica jesuita movilizaron a líderes y miembros de ambas comunidades. Lo hicieron en la sede de la empresa que administraba el complejo metalúrgico en la localidad de La Oroya. Esto ayudó, como en otros casos, a diversificar lo que los estudiosos de la protesta social denominan los "repertorios de movilización e incidencia".[16] La conexión con estas redes no sólo

---

[15] Diedrich Bonhoeffer, *Vida en comunidad*, Ediciones Sígueme, Salamanca, 2003.

[16] M. Paredes, "La globalización de las protestas mineras y las elecciones de Tambogrande", en *Conflicto social en los Andes. Protestas en el Perú y Bolivia*, edit. N. Enríquez, PUCP, Lima, 2015.

fortaleció a la coalición de organizaciones ambientalistas que lideraron la campana de incidencia en favor de La Oroya, sino que permitió que la presión internacional se hiciera mucho más efectiva. En este caso, estos grupos usaron su extensa red intereclesiástica para llamar la atención frente al conflicto y demandar a sus autoridades a tomar posición en favor de los afectados en La Oroya.

Construir corrientes de opinión desde los medios

Otro aspecto importante se relaciona con la generación de corrientes de opinión en torno a los problemas que develan los conflictos sociales y las acciones de protesta ciudadana. Esto nos lleva a repensar el uso de los medios más allá de su utilización difusionista. Usualmente, los medios son percibidos como instrumentos tecnológicos para difundir los mensajes. Sin embargo, los medios son claves en las campañas de incidencia en tanto que pueden convertirse en espacios de mediación para la construcción de las agendas públicas y la construcción de corrientes de opinión que inciden en los decisores políticos. Precisamente, las experiencias compartidas dan cuenta del uso estratégico de los medios. Los activistas de estas campañas desarrollaron acciones tendientes a incidir en la opinión pública, generando corrientes de opinión e involucrando a otros actores para respaldar la demanda de las comunidades afectadas.

Éste es uno de los desafíos para las iglesias y grupos vinculados a ellas que emprenden iniciativas de incidencia pública. Lo que observamos es que nuestras redes han impulsado varias iniciativas de generación de corrientes de opinión, pero sólo en los ámbitos intra- o intereclesiásticos, con un nulo o débil impacto en la sociedad o en la comunidad política. Esto requiere la formulación de estrategias comunicacionales para el tratamiento periodístico de los problemas que abordemos, la generación de análisis y debate en la esfera pública no religiosa, y la consolidación de corrientes de opinión que conlleven a la construcción de agendas públicas.

Las experiencias que compartimos muestran que los grupos vinculados a las iglesias contribuyeron no sólo en la facilitación de información y datos importantes para el abordaje periodístico de los casos de injusticia en ambas localidades, sino que además participaron en la construcción del discurso que la coalición ciudadana decidió incorporar en el debate público.

Reflexiones finales

Estas experiencias nos invitan a pensar que las iniciativas de incidencia pública, construidas desde las comunidades de fe, pueden constituirse en una oportunidad para visibilizar y afirmar una lógica de pedagogía pastoral que afirme una teología que se conecte con la activación de una ciudadana activa desde nuestras comunidades cristianas. En este camino, las iglesias pueden ayudar a generar resistencias democráticas y creativas, así como a impulsar incidencias simbólicas y políticas frente a las injusticias, al atropello y al abuso de poder.

En el contexto de una sociedad fragmentada y violentada por los discursos y prácticas políticas autoritarias y fundamentalistas, es crucial fortalecer las capacidades de grupos, redes y comunidades cristianas que pueden constituirse en agentes de transformación que construya una sociedad en el que se elimine la violación de los derechos. Al mismo tiempo, ello es éticamente necesario en un escenario en el que sectores políticos influyentes intentan cada vez más construir una ciudadanía acrítica y desmemoriada. Y esto es pastoralmente importante porque el contexto actual da cuenta aún de la activa presencia de sectores eclesiásticos fundamentalistas que se han insertado estratégicamente en las esferas del poder.

Finalmente, los esfuerzos e iniciativas de incidencia pública que contribuyen a formar una espiritualidad profética, ciudadana y liberadora pueden constituirse en un capital importante no sólo para activar cambios estructurales significativos en la sociedad, sino también para hacer pedagogía al interior de las propias comunidades de fe. De este modo, los creyentes se constituirán en agentes que animen iniciativas de resistencia ciudadana frente a los sistemas y culturas que alientan y legitiman el atropello, la violación de los derechos y la anulación de la alteridad y la pluralidad.

En ese sentido, necesitamos crear una mayor conciencia al interior de la comunidad evangélica, de modo tal que, al asumir autocríticamente nuestras prácticas de misión en la esfera pública, podamos reconocer que muchas veces hemos reducido nuestras iniciativas de incidencia al empoderamiento o la adquisición de legitimidades de las instituciones (para)eclesiásticas de las que somos parte. Las experiencias que compartimos nos invitan, más bien, a pensar que la acción pastoral puede constituirse en un proceso que contribuya a visibilizar no sólo el rostro de las excluidas y los excluidos, sino también las lógicas y racionalidades que están detrás de los sistemas políticos y religiosos que legitiman los fundamentalismos y etnocentrismos, así como las desigualdades y la exclusión social.

Parte 4

*Crítica profética
y teología pública*

Capítulo 10

Espacio público y cultura política

Hacia una indignación ético-teológica radical del sentido de la corrupción

Nicolás Panotto

El tema de la corrupción no es nada nuevo. Si vemos la historia latinoamericana por lo menos en los últimos setenta u ochenta años, la práctica de la corrupción aparece como un epicentro de análisis, especialmente de procesos de mutación política institucional y de transformaciones en dinámicas económicas tanto nacionales como regionales. En estas mismas lecturas históricas podemos identificar un elemento que en este capítulo queremos advertir: ¿dónde se ubica el flagelo de la corrupción? ¿En qué expresiones políticas? ¿Sobre qué sujetos y agentes? En definitiva, ¿desde dónde se habla de corrupción?

Expresiones como "indignación selectiva" o "doble estándar" son comunes a la hora de analizar este fenómeno. Esto pone sobre la mesa un tema no menor, como es *la dimensión hermenéutica y política que interviene en el momento de realizar nuestras formulaciones éticas*. Ello refleja que no es un elemento menor que ciertos casos de corrupción cobren mayor notoriedad pública que otros. Más específicamente, podemos identificar dos elementos en esta dirección. Primero, existe un mayor cuestionamiento cuando la corrupción se evidencia en estructuras burocrático-estatales o político-partidarias antes que en agentes relacionados con el mundo económico, empresarial o financiero.

El escándalo de *Panamá Papers* es una muestra de ello. El caso evidenció una compleja articulación de procesos económicos, políticos y financieros que ofrecían un paraguas "legal" para la evasión impositiva, la acumulación de capitales y la regulación del fraude. Esto levantó una polvareda sobre cómo interpretar las conductas en instancias políticas y económicas, tanto a nivel local como regional y global. Por ejemplo, en Argentina, el actual presidente Mauricio Macri fue uno de los mandatarios en ejercicio más implicados en esta denuncia global. En el contexto de indignación generalizada frente a los casos de corrupción que se están descubriendo sobre la gestión de gobierno anterior —el kirchnerismo—, el cliché que circula al comparar ambas figuras en torno a las denuncias es el siguiente: "La diferencia es que, en el caso de Macri, es su dinero; en el otro, era de todos". En otras palabras, en el primer caso la corrupción se cuestiona por inscribirse en un espacio institucional político y gubernamental, pero en el otro no, ya que se ubica en el ámbito de lo "privado". En esta frase vemos un gran reduccionismo e ignorancia sobre las implicancias sociales, globales y estructurales de los procesos de enriquecimiento económico, de acumulación de riquezas y de las articulaciones políticas que conllevan a favorecer estos procesos. El dinero del "pueblo" es el que usa el Estado, pero no se tiene en cuenta que el empresariado y las instancias dominantes en el mercado neoliberal actual utilizan en cantidades mucho más cuantiosas —al punto de tener, en muchos casos, mayor poder que los Estados en términos de estructuras económicas nacionales o regionales— el mismo dinero del "pueblo".

Otro elemento que sobresale en este "doble estándar" se relaciona con las críticas selectivas dentro del mismo campo político. Y en esto nadie está exento. Las críticas morales a las fuerzas políticas contrarias a la nuestra, no las usamos con el mismo calibre cuando los mismos casos tocan a quienes apoyamos. Somos intransigentes con los otros, pero buscamos todos los vericuetos posibles para relativizar y diluir lo que toca nuestros intereses. En resumen: la "universalidad" de los juicios morales que esgrimimos no son aplicados a todos los espacios ni a todos los casos, ya que lo impiden las barreras de interpretación, de preferencias ideológicas y las opciones subjetivas, de las cuales nadie se ve exento, aunque se lo quiera negar.

En medio de todo esto, debemos advertir el lugar del llamado "cuarto poder" como espacio de legitimación, es decir, los medios de comunicación. Con esto no queremos evocar una visión esencialista de los medios como instancias de control absoluto y de imposición sobre qué hacer o no y qué creer o no. Menos aún en estos tiempos cuando contamos con una variedad incontable de recursos informativos de relativo fácil acceso. Pero sí se debe entender a los medios de comunicación como epicentros de construcción de poder y de identificación social, donde las tensiones políticas e ideológicas son cada vez más evidentes. No existe algo así como "periodismo independiente" y los medios más poderosos tienen mayor impunidad y recursos para construir y fabular una opinión pública. Pero, más allá de eso, lo importante para puntualizar es que los medios son un campo de construcción política a partir de los cuales los sujetos *escogen* desde dónde construir su mirada de la realidad. La relativización de las críticas ético-morales hacia la corrupción están totalmente inscritas en dicho contexto de preferencias ideológicas presentes en los mismos medios.

De aquí surgen algunas preguntas: ¿qué hacemos con esta dimensión hermenéutica y subjetiva tan inscripta en nuestras críticas éticas, en este caso relacionadas con la corrupción? ¿Cómo afrontar la dimensión política inherente a los análisis sociales? ¿Podemos partir de algunos ejes transversales o generales para realizar denuncias proféticas concretas?

Para terminar esta introducción, aclaremos dos puntos de partida para este trabajo en particular. Primero, más allá de que la corrupción es un fenómeno que podría englobar muchos campos, ella se inscribe en una práctica predominantemente de intercambio económico, vinculada directamente a las dinámicas de poder social y político. Segundo, la corrupción se ubica en un contexto sistémico de relaciones poscoloniales, donde las fuerzas centrales de poder socioeconómico han ido mutando en formas que permiten seguir manteniendo instancias de dependencia en torno a los centros de poder. Más allá de la flexibilización de ciertas fronteras de soberanía (nacional), aún permanece intacto (o tal vez más profundizado) el control no sólo a nivel institucional, sino también simbólico. En otros términos, hay que ver el fenómeno de la corrupción desde una perspectiva sistémica que abarca una continuidad histórica (lo que nos lleva a los orígenes de la configuración geopolítica contemporánea; en el caso de América Latina, a los tiempos de la Conquista) y una visión integral de la realidad.

Lo público, lo cultural y el sentido ético

Uno de los reduccionismos que debemos enfrentar y deconstruir con respecto al "sentido" de la corrupción es la circunscripción de "lo público" al campo de la política profesional, de la "clase política" y, particularmente, al rol del Estado en tanto aparato burocrático. Entonces, ¿qué es lo público? Lo público es el espacio donde se define qué es lo común (el ágora). En este sentido, lo que un grupo "es" —su identidad— no parte desde la construcción de un sentido homogéneo de identificación —como puede ser, por ejemplo, la nacionalidad—, sino desde cómo se responde a las demandas sociales y populares, a partir de la interacción, la articulación y la disputa entre todas las partes en juego en dicho ejercicio.[1] Las demandas representan, por ejemplo, qué hacemos con la pobreza, la educación, la igualdad, la gobernabilidad, etc. A partir de estas demandas se establece un espacio de intercambio y articulación entre las diversas voces presentes, primero para intentar llegar a un consenso sobre lo que se entiende por dichas demandas, y desde ahí qué acciones tomar (proyectos, mediaciones institucionales, etc.).

Esta comprensión de lo público tiene las siguientes implicancias:

- Lo público es un espacio ante todo hermenéutico, ya que se relaciona con la articulación de formas de definir la realidad y nuestra existencia.

- Lo público es un espacio plural, ya que inscribe a todos los agentes sociales que forman parte de él. En este sentido, no hay "profesionales" de lo público, sino que, de una u otra manera, todas las personas somos parte de lo público. No hay instituciones particulares que inscriben lo público, sino que toda institucionalidad social es un elemento más dentro de dicho espacio.

- Lo público es un lugar que evoca los sentidos de la vida cotidiana. No existe sólo con un tipo de discurso técnico ni segmentado al respecto, sino que todas las narrativas circulantes están relacionadas con la definición del espacio común.

- Lo público define lo político desde una dimensión ética. Es decir, lo político no representa una práctica restringida a los "políticos profesionales", sino con la dimensión de construcción del quiénes somos y qué necesitamos, donde los profesionales y las instituciones son un elemento pasajero de respuesta.

- Lo público se relaciona con el conflicto y el litigio por el consenso. No podemos hablar de la existencia de una "razón pública", como afirman diversos pensadores liberales, que sobrepasa las

---

[1] Ernesto Laclau, *La razón populista*, FCE, Buenos Aires, 2005.

particularidades que componen el espacio. Tampoco es prudente hablar tan románticamente de la "unidad"; menos aún, del reino de la mayoría sobre la minoría. Si lo público es un espacio hermenéutico, entonces inevitablemente habrá conflicto de interpretaciones. El desafío, entonces, es reconocer ese conflicto inherente y crear dinámicas para lidiar con ello. En palabras de Jacques Rancière, "hay política general, siempre que exista un modo propio de la subjetivación de esta institución polémica en la comunidad".[2]

A esta visión de lo público, se le suma otro concepto que contribuye a su ampliación, como es el de *cultura política*. Alejandro Isla la define como el "terreno de las prácticas y discursos verbales, como los campos de simbolización e identificación, relacionados a expresiones de poder (y por ende a formas de autoridad y jerarquía) conscientes y/o no conscientes de los actores".[3] Por su parte, Martín Hopenhayn afirma que "'lo político' de la cultura no pasa por una lucha entre identidades, sino ante todo por una lucha de subordinación entre 'racionalización' y 'subjetividad', o bien entre *ratio* y 'sentido', o bien entre racionalidad económica y racionalidad cultural".[4]

Lo que este concepto intenta hacer es vincular lo político con lo cultural o, en otros términos, evidenciar la dimensión política de las dinámicas culturales. A veces tendemos a separar el ámbito de lo político como un espacio con dinámicas institucionales e ideológicas propias, de lo cultural como instancia de comprensión identitaria. Pero la definición de lo público como un espacio hermenéutico, nos lleva a ver que las dinámicas culturales en tanto marcos de construcción de sentido son intrínsecamente políticas por ser marcos de construcción de cosmovisiones.

Finalmente, otro aporte importante de estos abordajes es la *complejización en la lectura de dinámicas institucionales de poder y resistencia*. Por una parte, evidencia la existencia de una ampliación de las formas en que circula el poder en la sociedad, a través de elementos

---

2 Jacques Rancière, *Momentos políticos*, Capital Intelectual, Buenos Aires, 2010, p. 47.
3 Alejandro Isla, *Los usos políticos de la identidad. Criollos, indígenas y Estado*, Araucaria, Buenos Aires, 2009, p. 26.
4 Martín Hopenhayn, "¿Integrarse o subordinarse? Nuevos cruces entre política y cultura", en *Cultura, política y sociedad. Perspectivas latinoamericanas*, comp. Daniel Mato, clacso, Buenos Aires, 2005, p. 33.

como las mediaciones simbólicas, los rituales, los discursos cotidianos, etc. Por otro lado, nos posibilita salir de las lecturas dicotómicas o maniqueas del poder —malos *vs.* buenos, estructura política perversa *vs.* pureza de las prácticas individuales, etc.—, llevándonos a comprender el poder como un elemento en constante movimiento y que inscribe todas las dinámicas sociales como un epicentro de tensión constante entre disputas, diálogos y búsquedas de consenso.

¿Qué nos aporta este abordaje para la definición de la corrupción? Primero, *la corrupción debe ser comprendida como un significante de disputa política.* Pongo énfasis en el "sentido" de la corrupción, porque ignorar las mediaciones subjetivas e interpretativas que entran en juego con su definición y ubicarlo sólo dentro de una construcción de lo moral en términos esencialistas, puede llevar a que nuestra crítica de las prácticas corruptas se enfoque en ciertos campos en detrimento de otros. En este sentido, se puede afirmar con cierto cuidado que este énfasis en el cuestionamiento de la corrupción —sólo a partir de lo que sucede en la administración pública, ignorando lo que ocurre tanto en el ámbito de las relaciones socioeconómicas en el mercado de capitales como con el lugar del empresariado local y las dinámicas geopolíticas de las empresas multinacionales— es precisamente un imaginario que diversas corrientes neoliberales han logrado instalar, desde su típico cuestionamiento al rol del Estado y su vaciamiento en pos de dar lugar al mercado, desde una concepción purista y santificada. Por otro lado, también envuelve una advertencia a reconocer que siempre partimos desde perspectivas políticas, sociales, familiares, históricas, etc., para esgrimir nuestros juicios éticos. Este reconocimiento implica desabsolutizar tanto nuestros postulados como los del otro, en vistas de construir un espacio de diálogo genuino.

Segundo, *inscribe la crítica a la corrupción desde el sentido del ethos.* Esto quiere decir que la corrupción debe verse como un elemento que permea el desgaste de todas las relaciones sociales, desde lo micro y macro, local y global, individual y grupal, y todas sus posibles articulaciones. Como dice Michael Foucault,[5] las dinámicas de poder no sólo deben ser definidas de arriba hacia abajo, sino también a la inversa, no sólo por el hecho de que "quienes son parte de nuestra sociedad llegan a ser políticos", sino porque debemos evidenciar con

---

5 Michael Foucault, *Microfísica del poder*, La Piqueta, Madrid, 1978.

mayor profundidad los procesos socioculturales inscritos en todos los fenómenos políticos institucionales.

Por último, *se ubica la lucha contra la corrupción en un contexto de disputa, resistencia y negociación.* Indagamos sobre cómo actuar en una sociedad o frente a una estructura política donde la corrupción está presente en sus fibras más íntimas. ¿Cómo hablamos de una ética en medio de un contexto socioeconómico injusto cuyas leyes benefician a quienes controlan los medios de producción y poder? Si la burocracia estatal y las dinámicas institucionales partidarias poseen tendencias corruptas, ¿cómo hacemos para estar ahí? Los abordajes propuestos nos ayudan a inscribir nuestras luchas cotidianas en un marco más amplio a nivel sociocultural y menos esencialista a nivel de moral individual, desde la promoción de instancias de crítica y resistencia en acciones de nuestra vida cotidiana y opción institucional. En otros términos, el amplio nivel de corrupción presente en las fibras de nuestras sociedades nos lleva a buscar medidas de incidencia que partan de la transformación de imaginarios sociales, prácticas cotidianas, modos de relacionarnos, en vistas de buscar modos de convivencia.

Una crítica ético-teológica a la corrupción como sentido público

Para finalizar, consideremos algunos elementos teológicos para pensar en este contexto. En términos generales, podemos considerar que aún nos falta reflexionar sobre *la dimensión hermenéutica de lo teológico.* Evadir las mediaciones contextuales, discursivas, subjetivas e ideológicas que se entrecruzan en todo discurso teológico nos impide precisamente proyectar esa condición hermenéutica a otros campos. Por su parte, fomentar una perspectiva hermenéutica de lo teológico nos ayudará a tomar una postura hermenéutica con respecto al mismo contexto, lo que en este caso nos invitaría a tener una actitud crítica y deconstructiva sobre los sentidos sociopolíticos, y aún más específico con respecto a la corrupción como un significante circulante que cuestiona y a la vez legitima diversas prácticas.

Otro elemento para considerar es cómo entendemos y definimos lo que llamamos "valores". Por un lado, en términos generales, nos debemos una gran discusión sobre lo que entendemos por esta representación, sobre todo al hecho de cómo definimos el estatus de verdad y los posicionamientos morales que envuelve, especialmente en torno a las dinámicas subjetivas, contextuales e ideológicas que entran en juego. Por otro lado, ya sabemos que en la iglesia evangélica existe una tendencia a circunscribir dicho elemento a ciertas temáticas —como puede ser la moral sexual—, pero que no tocan otros campos, principalmente el de la ética económica. De esta forma, problemáticas como el contrato en negro, la evasión impositiva, el uso de sobornos, el adentrarse en competencias comerciales injustas, no se cuestionan ni desde los púlpitos ni desde otros campos de reflexión teológica.

Es necesario, también, pensar más las dinámicas sociales desde el concepto de *pecado estructural*. Ya sabemos que la teología cristiana en general tiende a construir una teología del pecado individual, muy vinculado con cierta lectura de la teología protestante. Dicha lectura no tiene en cuenta muchos elementos, tanto bíblicos como dogmáticos e históricos, que parten desde San Agustín hasta el humanismo erasmiano en Lutero. Esta concepción del pecado no nos permite adentrarnos en un estudio en torno a la maldad presente en las estructuras sociales, que amolda tendencias, comportamientos, dinámicas sociales y relacionales, y que influye más allá de las "intenciones" personales. Pero, sobre todo, responde a una visión funcional a perspectivas neoliberales, donde no se cuestionan elementos estructurales y se enfatiza en la pureza individual, en la que lo económico no ingresa como parámetro de análisis y juicio. Como concluye Jung Mo Sung:

> La noción de pecado estructural indica que, en la dinámica social, las buenas o malas intenciones no son suficientes para determinar las consecuencias de las acciones individuales y sociales. Existe una estructura social dominante que limita y condiciona las posibilidades y las consecuencias de nuestras acciones (sin olvidarnos de los límites y posibilidades colocados por la propia naturaleza). En la práctica esto significa decir que buenas intenciones o voluntad política no son suficientes, que hay una diferencia entre la intención de la acción y sus resultados; y entre lo que "debería ser" y lo que "puede ser".[6]

Por último, debemos hacer una *crítica más profunda de los enclaves coloniales que aún están presentes en nuestras teologías cristianas*. Con esto nos referimos a aquellas cosmovisiones modernas y occidentales

---

6 Jung Mo Sung (2007, s/n), "Pecado estructural y las buenas intenciones". Disponible en http://www.adital.com.br/site/noticia2.asp?lang=ES&cod=28977

que se evidencian en una definición esencialista de la realidad, y la posición acrítica con respecto a los órdenes y jerarquías sociales. Esto se evidencia en la naturalización que existe de nuestras imágenes de lo divino, que a su vez legitiman diversos órdenes sociales. Necesitamos una crítica ontoteológica, es decir, de nuestra manera de ver lo divino, para evidenciar los elementos coloniales aún presentes en nuestra teología. Sin esa deconstrucción (poscolonial), la teología cristiana seguirá promoviendo una ética que no permee más profundamente en los sentidos que legitiman ciertas dinámicas sociales. Una visión esencialista de lo divino nos llevará a ser poco críticos con cosmovisiones esencialistas del contexto socioeconómico.

En resumen, tenemos el desafío de profundizar una crítica teológica al *sentido* de la corrupción, con el objetivo de adentrarnos en todos los aspectos que dicha práctica abarca, junto con todos los flagelos que produce. No comprender los complejos procesos que se ponen en juego en su definición, puede llevarnos a enfatizar una visión restringida y reduccionista de su práctica, funcional a la profundización de la corrupción en entornos y prácticas sociales y cotidianas, que son legitimadas por simple conveniencia o por la carencia de un sentido crítico sobre la naturalización de ciertos elementos.

Capítulo 11

El síndrome intramuros, la corrupción y el compromiso profético de la iglesia

Por una ética cristiana más integral y pública

David Mesquiati de Oliveira

Introducción

Para nutrir esta reflexión empezaré con el relato bíblico de la reconstrucción de los muros de Jerusalén bajo el liderazgo de Nehemías (Neh 3.1–6.17). El tema general de la consulta de la FTL en Lima 2016 fue sobre la corrupción y sus maleficios. Busqué reflexionar sobre el tema a partir de las iglesias y no focalizar la mirada hacia la corrupción general externa. A partir del relato de Nehemías, propongo la expresión "síndrome intramuros", la cual se desarrollará más adelante. Por ahora, lo que puedo decir sobre esta expresión es que representa a una mentalidad egoísta centrada en lo propio y lo particular. En un escenario así, ¿cómo es posible preocuparse por el otro o por cuestiones públicas? La teología cautiva de este síndrome se construye dentro de parámetros igualmente intramuros y considera como sujeto teológico sólo a quienes componen su gueto. La teología que resulta no es capaz de pensar en el mundo, sino en simples objetos de estudio, de crítica o de transformación particular a su modelo. Su limitación principal es no percibir la integralidad necesaria que ve al otro como compañero en la construcción teológica y no como un mero destinatario de una sistematización específica. Restaurar el compromiso profético de la iglesia en tiempos cada vez más corrompidos y corruptores es un gran desafío. El camino que este texto propone se orienta hacia una reflexión abiertamente teológica, integral y con vocación pública.

El relato de los muros de Jerusalén en Nehemías 3.1–6.17

El capítulo 3 del libro de Nehemías comienza narrando los grupos de personas que estuvieron trabajando en la reconstrucción de las murallas de Jerusalén, en tanto que los capítulos siguientes narran las dificultades enfrentadas en contra de ese logro. Fue un trabajo que demandó el esfuerzo y los recursos de varias y diversas personas. El relato tiene algunos detalles interesantes que valen la pena observar.

El proyecto

Nehemías propuso un gran proyecto al pueblo. Representaba, en términos físicos y geográficos, la reparación de los muros de piedra que tenían muchas brechas en varias partes —otras se encontraban totalmente derribadas— y la sustitución de las puertas de madera que habían sido consumidas por el fuego. Al ser Jerusalén una antigua fortaleza, la evidencia de los muros reedificados era una clara señal de que la nación estaba entrando en un proceso de restauración. Por ello, los muros eran, desde el punto de vista militar, el rearmamento de la ciudad, que estaría internamente protegida y externamente lista para la guerra. Étnicamente, la reparación de los muros representaba una reconstrucción de la cultura, del pueblo, del gobierno propio, de la vida en Israel. Teológicamente, significaba la restauración del pueblo de Dios como aquel que resurge para hacer su voluntad y para servirle en el mundo. Era un proyecto de enorme relevancia.

El líder

Nehemías llegó a ser el copero del rey en el cautiverio babilónico. Esto significa que los judíos pudieron trabajar y rehacer sus vidas en el exilio a pesar de las dificultades. Algunos prosperaban en sus carreras, como el caso de Nehemías, quien llegó a ser un hombre de confianza del soberano gracias a su ocupación: le servía vino al rey. Esta tarea, además de la actividad concreta, también pudo significar que en algunos momentos Nehemías cumplía una especie de rol de consejero. Era un hombre religioso que dedicaba tiempo a la oración y nutría su deseo de ver libre la tierra de sus ancestros con una religión revitalizada. También era un hombre organizado, disciplinado y determinado. Sabía cómo llegar a la gente para transmitir lo que debían hacer. Fue un gran instrumento de Dios en su tiempo.

Los constructores

Para la construcción se distribuyeron diferentes grupos de personas en distintas zonas de Jerusalén. Algunos especialistas creen que la razón por la que estas personas no trabajaron juntas fue que tenían distintos intereses, además de las rivalidades entre los diferentes grupos de la región.[1] Parte de esta gente había regresado del exilio, no poseía muchos recursos y las disputas con los pueblos vecinos por las tierras era una fuente de conflictos. Llama la atención las diferentes profesiones que se ocuparon de la obra: el sumo sacerdote y los sacerdotes (Neh 3.1, 22, 28), los perfumistas y los plateros (3.8), los levitas (3.17), los siervos del templo (3.26), los comerciantes (3.32), los gobernadores y sus hijos (3.9) —aunque los "notables" no quisieron cooperar (3.5)— y las mujeres (3.12). Eran de diferentes localidades y ocupaban distintas posiciones en la sociedad de entonces. Es decir, los constructores que Nehemías coordinó no fueron los típicos trabajadores de construcción civil.

Los resultados

En apenas 52 días lograron completar la obra en la muralla (Neh 6.15), que según Flavio Josefo se llamaba Antonia. El resultado del trabajo conjunto fue algo para el bien común, aunque los conflictos internos siguieron sin resolverse.

Los límites

Tres cosas llaman la atención sobre lo limitado de los resultados de Nehemías. En primer lugar, en 4.6 se dice que se erigió solamente la mitad de la altura del muro. Es posible que Nehemías, con una perspectiva muy realista, haya visto que los recursos con que contaba no eran suficientes para lograr restaurar el muro. Por ello, tuvo que hacer ajustes para que la altura fuera suficiente para estorbar los planes

---

[1] De acuerdo con Robert North, la reconstrucción de la muralla no ocurrió de forma articulada y orgánica, pues actuaron diferentes grupos, y algunos de ellos fueron rivales. Quizás por eso trabajaron en secciones diferentes. Añade: "es difícil ver cómo esta política puede haber sido considerada la más eficiente, o expresión de la solidaridad étnico-religiosa por la cual la obra habría sido iniciada". Cree que la rivalidad de los grupos pudo haber sido un recurso literario, Robert North, "O cronista: 1 e 2 Crônicas, Esdras e Neemias", en *Novo comentário bíblico São Jerônimo: Antigo Testamento*, edits. Raymond Brown, Joseph Fitzmyer y Roland Murphy, Paulus, São Paulo, 2007, pp. 725–794.

de las naciones vecinas en tiempos de guerra. En segundo lugar, de acuerdo con los estudiosos del periodo, los muros de Nehemías tampoco tuvieron el ancho original: no llegaron a más de 20 cm de espesor. En tercer lugar, Nehemías disminuyó el tamaño de la ciudad a la mitad de lo que era en otros tiempos, por ejemplo en el reinado del rey Ezequías.[2]

Con estas notas negativas no pretendo restarle brillo a la obra de Nehemías junto a su pueblo, sino reflexionar sobre asuntos más profundos que pueden haber definido aquel escenario. En 3.28 se señala que la gente sólo reparaba la parte del muro que estaba frente de su casa. Ésta será nuestra clave de reflexión: Nehemías logró involucrar a todo el pueblo en un amplio proyecto nacional de restauración de muros, pero cada uno se comprometió a ejecutar tan solo lo que le beneficiaba. Así, a pesar de ser un proyecto público, la gente no construyó ni un metro más que los muros frente a su propia casa. Nehemías se valió de una convincente artimaña: que reconstruyesen la parte relacionada con su casa como si se construyera para el pueblo. En sí misma la idea no era mala, pero no estuvo bien que esta fuera la motivación principal ni que se ejecutara para el bien común tan sólo aquello que beneficiaba a cada uno. El problema estuvo en una mentalidad cerrada que todavía insiste en dominarnos hoy en día. A esto llamo aquí "el síndrome de la mentalidad intramuros".

El síndrome de la mentalidad intramuros

Técnicamente es un síndrome porque es una patología con muchos síntomas y señales pero sin causas definidas. De manera general, señalo como síndrome a la perspectiva reduccionista que atrapa a individuos e instituciones y los modela para pensar de forma individualista y utilitarista: "mis muros", "mi casa", "mi familia"… En este síndrome "lo nuestro" es la prioridad máxima y, como el tiempo y los recursos son pocos, "lo nuestro" es lo único que, de hecho, vemos y cuidamos.

---

[2] La muralla de Nehemías era estrecha, con cerca de 20 cm de espesura, un trabajo hecho a las prisas (Neh 6.15), más con el intento de concluir rápidamente el círculo alrededor de la ciudad que velar por su fortificación como tal. En ese sentido, algunas áreas públicas no fueron protegidas, así como las zonas de montañas. Cf. Rita Burns. Esdras e Neemias, en Dianne Bergant e Robert Karris, orgs. *Comentário bíblico*, vol. II: Profetas Posteriores, Escritos e Livros Deuterocanônicos. 2.ª ed. Loyola, São Paulo, 1999, p. 322.

Promueve una preocupación excesiva por el bienestar propio, ignorando la situación concreta del prójimo y del bien común.

Este síndrome no se debe confundir con la alienación, la ignorancia o la ingenuidad. Tampoco es "el instinto de autopreservación", tan necesario para mantenerse con vida. Igualmente, no debe ser confundido con una enfermedad física o emocional, como la depresión o el pánico, que son casos específicos relacionados con la salud. El *síndrome intramuros* es la perspectiva reduccionista que permea a la persona y le hace preocuparse primera y únicamente por sus propios muros, por su casa, por sus hijos, por su vida, por su cuerpo. Es la centralización en uno mismo, en la cual no se considera que el ser humano es un ser social y que la calidad de vida depende, en gran medida, de las relaciones que establece con otras personas, con la creación como un todo y con Dios.

Algunas características del síndrome de la mentalidad intramuros

Para ahorrar espacio presento una descripción sintética del *síndrome intramuros* en forma de tópicos:

- Muestra una tendencia a construir muros de protección contra terceros, en lo cual se invierten recursos y tiempo. Es decir, es gastar la vida y dinero en la construcción de fortalezas contra el otro, viviendo a la defensiva en intramuros.
- Puede desarrollar en la persona una percepción equivocada, como la sensación de ser "perseguida", sintiéndose siempre en peligro, ya que por su condición de "pueblo de Dios" se halla siempre en guerra contra todo lo que existe y contra todos los pueblos. Ante esta percepción, la única vía considerada apropiada es la de construir fortalezas para encerrarse en ellas, y salir del encierro únicamente para "rescatar" a las personas de afuera, para traerlas rápidamente a la seguridad de la fortificación.
- Las murallas son fronteras construidas con el propósito de evitar todo contacto con el otro, haciendo del mundo intramuros un reino de iguales, de personas masificadas, como en una línea de producción de la empresa Ford que establece un modelo y pocos colores. Son islas del "yo" masificado. Pueden ser muchos los que las componen, pero son miserablemente iguales y muy lejos de lo que caracteriza la belleza de la diversidad.

- Los muros aseguran un mejor control sobre los demás. Es más fácil dominar y adiestrar grupos pequeños. Me gustan los modelos de iglesia comunitarias en pequeños grupos, pero un buen número de estos grupos minúsculos no son la iglesia misma, sino apenas un método de iglecrecimiento. Ser un pequeño grupo con esa mentalidad es, en realidad, una forma negativa de vivir intramuros.

- Los muros altos impiden ver horizontes más amplios a quienes están dentro de ellos. Les hacen creer que su mundo intramuros es la realidad y que es buena, y que fuera de los muros la realidad es mala. Es una expresión de dualismo maniqueo. Así, se cree que dentro de los muros hay paz, justicia y amor. ¿Es posible decir que amamos cuando vivimos solamente con nuestros pares y amigos? ¿De qué tipo de paz, justicia y amor estaremos hablando? Ahí hay paz, amor y justicia solamente para uno mismo, no para la comunidad, no para el otro.

- La mentalidad intramuros está afectada negativamente por la noción de sujeto moderno (autonomía), en el que el individuo se aprovecha de su condición de sujeto y utiliza su capacidad subjetiva para escoger enclaustrarse, apartarse conscientemente del otro, llegando al individualismo.

- Erigir muros es una forma de fijarse en determinados sitios o ideas, de recorrer absolutos metafísicos que supuestamente garantizarían seguridad. Pero con esto, ya no se camina más. Resta solamente vivir alrededor de las "fortalezas", cuidando bien la puerta con candados. No hay espacio para el nuevo ni para seguir caminando. Aquí la teología se ve como plena y acabada. La única tarea que queda es adaptar estéticamente la tradición y los dogmas a los tiempos, es decir, seguir los manuales.

- Esta práctica enseña que los extranjeros deben ser evitados, puesto que pueden ser peligrosos, que la iglesia es para cristianos, etc. Desde esta mentalidad, el migrante es indeseable y un peso. La única alternativa es que deje de ser quien realmente es (migrante) para disolverse en la masa a disposición de los que detentan el poder.

- Establece una relación utilitarista con el mundo externo, accionándola solamente cuando le gusta, cuando quiere algo, cuando decide ser conveniente. Caso contrario, las puertas se cierran.

- Fragmenta la sociedad en minúsculas islas de pequeños mundos desarticulados políticamente que no militan en movimientos sociales amplios. Es una masa de maniobras de los que piensan estratégicamente.
- Impide desarrollar una ética social y pública.
- Hace que se tienda a pensar solamente en los problemas y necesidades internas del castillo, del gueto.

Una visión teológica

Teológicamente, el síndrome de la mentalidad intramuros se relaciona con el egoísmo, con la centralidad de la vida y de su sentido en uno mismo, en sus intereses. En lenguaje bíblico, esto puede ser visto como carencia de amor y de cerrarse al otro; nos deshabilita como cristianos. La falta de compañerismo hace que la gente y las instituciones atrapadas por este síndrome obren exactamente al revés de lo que recomienda el texto bíblico, especialmente en 1 Corintios 12. Cerrado en su inmanencia, el ser humano ya no puede abrirse para el que trasciende.

En las iglesias, este síndrome puede verse en el vicio de las instituciones y de los directivos que siguen pensando la iglesia no como comunidad de personas vinculadas al mundo (creación de Dios), sino que tienen como meta de la misión la construcción de templos. Reivindican la narrativa de Nehemías para decir que están haciendo una gran obra. Pero, al contrario, Nehemías no simplemente construía un muro: tenía un proyecto de nación, pensaba en el bien común. Muchas instituciones y sus directivos se hallan pensando en "el bien común de sus organizaciones" con una mirada limitada, corporativista, intramuros. Lo máximo que tal mentalidad puede concebir es extender sus muros más allá, pero los que así piensan siguen con proyectos de muros y continúan cerrados en ellos mismos. "El otro" se vuelve un objeto para ser conquistado.

Nehemías utilizó el embrionario individualismo en cada uno de los grupos de su tiempo y lo canalizó para un propósito más grande, pero no fue capaz de tratar el problema de los conflictos y de la falta de amor en su comunidad porque luego de construido el muro las personas siguieron centradas en sí mismas. Éste también es un problema actualmente, pues lo máximo que logramos en muchos casos y en muchas de nuestras realizaciones "conjuntas" es canalizar el egoísmo de la gente para lograr algo público. Seguimos haciendo lo mismo sin tratar el problema de raíz, con el agravante de que, de hecho, no tenemos un proyecto claro sobre qué hacer por la nación, salvo "orar", ya que ello no nos cuesta al bolsillo ni hay que deshacerse del patrimonio de los templos. Estamos encerrados en nuestros proyectos personales con murallas eclesiásticas, invertimos los recursos (personas, dones, patrimonio, renta, mensaje) casi exclusivamente en edificaciones, equipamientos y demás, con el pretexto de mejorar la vida de las personas en el mundo, pero solamente de aquellas que están en intramuros.

Tal como en Nehemías, el máximo involucramiento que se logrará en personas o instituciones con esta mentalidad será hacia "delante de sus propias casas", todo esto producto de una ética oportunista, individualista y utilitaria. Así, la participación en la política nacional o en cualquier otro compromiso en América Latina se dará no sobre la base del bien común, sino de las ventajas personales o corporativistas que les podrían proporcionar sus acciones.

De esta forma, se puede percibir cómo la corrupción está endémicamente instaurada, puesto que se nutre justamente de la búsqueda desenfrenada del logro personal en detrimento del comunitario. El egoísmo impide ir más allá de los propios muros; corrompe la muralla como un todo, devora la mitad de su altura, así como la mitad de su extensión geográfica, como en el caso de Nehemías. El perjuicio en la corrupción no es solamente la gran cantidad de desvíos monetarios, sino también la corrosión de todo el potencial de realización de un pueblo-nación. El perjuicio es incalculable. De hecho, ¡la corrupción, efectivamente, mata!

Hacia una ética social, integral y pública

Urge una tematización crítica sobre lo público y la vida pública como objeto. Pero hay que ir más allá, reconociendo el carácter público de la teología —como acertadamente ha sido asumido por la Teología de la Misión Integral (TMI) en muchas de sus frentes—, pues una ética individual del cumplimiento de los deberes no da cuenta de una necesaria ética teológica ciudadana y profética.[3] Sin embargo, incluso la TMI puede ser cautiva de una lógica del deber al pensar la

---

[3] Esta necesidad ha sido correctamente apuntada por Julio Zabatiero. *Para uma teologia pública.* 2.ª ed. Fonte Editorial, São Paulo; Unida, Vitória, 2012, p. 7.

evangelización y la acción social simplemente como algo que se debe *hacer* y no como expresión de una ética evangélica ciudadana. Si la cosa es "*hacer* porque hay que *hacer*", entonces es comprensible la tentación que atrapa a muchas iglesias de "*hacer* primero los muros en frente de mi casa". Con esto, sus muchos programas y proyectos "sociales" no buscan de hecho al otro como persona, sino que lo usará como "carnada" para atraer nuevos miembros hacia adentro de sus muros.

Este parece haber sido uno de los limitantes de la TMI en Brasil: las iglesias abrazaron la idea de una "misión integral" muy rápidamente y la unieron a la responsabilidad ciudadana de una lógica del deber. Al asumir de manera tan rápida la noción de responsabilidad social, no se tematizó adecuadamente la dimensión de la integralidad en perspectiva teológica pública y ciudadana.

Entendemos que la ética cristiana debe ser pensada a partir de una base teológica capaz de integrar lo personal y lo público, el deber, la ciudadanía y la integralidad. Una ética que considere la inserción de la iglesia en el mundo no solamente a partir de la óptica de la misión (del deber), sino también de la ética ciudadana en su sentido amplio. Dentro del tema de la corrupción, eso significa que esta integralidad debe atender la noción de integridad del ser humano tanto a nivel micro —expresar su firmeza moral, honestidad y coherencia a través de los hechos— como macro, un compromiso con el otro/comunidad, que es el ejercicio de la ciudadanía y la búsqueda del bien común.

En vista de lo mencionado hasta ahora, propongo revisar el concepto teológico de la salvación de Jesucristo como instrumental para romper con la vida intramuros. Tal concepto puede ser tomado en perspectiva exclusivista o, como propongo aquí, de manera amplia. Conforme afirmamos recientemente:

> La salvación divina no es otra sino la salvación en Jesucristo. El Espíritu Santo, que actúa continuamente en el mundo, prepara el camino para que los pueblos reciban esta salvación. De ahí que la obra del Espíritu Santo es la de Cristo. Así, Jesucristo se presenta con una especificidad impar: único. Él es el único y perfecto mediador entre Dios y los hombres, justamente por su particularidad (encarnación) y su universalidad (resurrección). Él revela la expectativa de Dios para con la humanidad, lo que Dios espera que sean sus criaturas. Por otro lado, la salvación de Jesús es un desafío para salir de sí mismo, para amar el prójimo, recibirlo,

cuidar unos de los otros. Con esto, conformamos un solo pueblo, convocados por el Espíritu para integrar la *comunidad de los que creen.*[4]

Es desafiante luchar contra el egoísmo y promover una descentralización de nuestro yo como actitud fundante. De esta *salvación de nosotros mismos* necesitan no solamente las personas, sino también las instituciones en su tentación autocentralizadora, autorreferencial y corporativista. De esta forma, nuestras eclesiologías también necesitan ser "salvadas". Actualmente, ellas se hallan tan blindadas que la simple crítica al modelo tradicional de iglesia es recibida de forma altamente ofensiva.[5] Está de moda hablar mal de las iglesias electrónicas/ mediáticas centradas en el iglecrecimiento, pero criticar los privilegios de los pastores, el gasto desenfrenado en los templos, proponer la renovación de la liturgia y los nuevos contenidos teológicos, exigir transparencia de la gestión eclesial, etc., puede redundar en persecución a quienes lo hacen, por parte no sólo de los líderes, sino también de la misma comunidad.[6] La salvación de Jesús se vuelve más urgente que nunca en nuestros días, tanto para el mundo como para la iglesia misma.

---

4 David Mesquiati de Oliveira, *Diálogo e missão nos Andes: um estudo de Teologia da Missão latino-americana*, Garimpo Editorial y PUC-Río, São Pablo y Río de Janeiro, 2016, pp. 234–235.

5 Durante casi cuatro siglos la iglesia fundada por Jesús no tuvo ningún templo; sin embargo, no por ello dejó de ser auténticamente iglesia de Cristo. De la constantinización de la iglesia ya han pasado más de 1500 años, y ni los teólogos ni las comunidades han logrado pensar en alternativas para la iglesia-templo. Recordemos que la iglesia no puede ser reducida al templo. ¿Es posible ser iglesia en el siglo XXI sin templo? Con el metro cuadrado en las ciudades cada vez más caros, con las exigencias gubernamentales de seguridad, accesibilidad y parqueo, con los altos costos de la construcción civil y la inflación, es necesario que se busquen alternativas. Desdichadamente, no por razones teológicas, sino económicas, han seguido las mismas alteraciones en otras prácticas en la historia de la iglesia. Se puede ver claramente lo que ha marcado el paso de las instituciones y de algunos individuos.

6 Paul Tillich afirma sobre la gloria y la vergüenza de la religión: "La religión revela la profundidad de la vida espiritual, encubierta, en general, por el polvo de nuestra vida cotidiana y por la bulla de nuestro trabajo secular. Danos la experiencia del sagrado, intangible, tremendamente inspirador, significado total y fuente de valor supremo. Helo ahí la gloria de lo que llamamos de religión. Sin embargo, además de esta gloria, también aparece su vergüenza, cuando ella se transforma en absoluto y desprecia el mundo secular; cuando hace de sus mitos y doctrinas, de sus leyes y ritos, dimensiones indiscutibles y persigue los que no se someten a esto". Paul Tillich. *Teologia da cultura.* Fonte Editorial, São Paulo, 2009, p. 45.

Conclusiones

Es necesario reconocerlo: la corrupción no está solamente allá afuera; se encuentra aquí, también entre nosotros, por nuestra visión intramuros. Lentamente nos hemos dejado corromper y, peor, nos hemos acostumbrado a esto, hemos confundido nuestros muros con el horizonte. Por ello, lo único que mueve a la iglesia en Latinoamérica hoy es la cuestión de género, la cual aparece transformado en un tema público pero que aún es un tema privado y particular: el cuerpo. No tenemos una ética social desarrollada que trate temas del bien común. Abramos las puertas para la ciudad, para el mundo como lugar teológico preferido por Dios. Esta mirada contribuirá a la teología con "lo público"; dejaría de ubicarse en un sitio específico para alcanzar el espacio público con su saber. Corramos el riesgo de ser iglesia en el mundo.

La ética de los evangélicos aún no ha madurado teológicamente y de forma crítica. Todos debemos orar, reconocer, arrepentirnos y buscar alternativas teológicas a partir de un largo y necesario proceso de reflexión en convivencia humanizadora. Para esto, nuestras teologías necesitan abrirse a la integralidad, a una teología pública más allá del objeto que analice, sobre todo si quiere ser una teología para el mundo, para la creación. Necesitamos de osadía, de creatividad y responsabilidad para romper con los muros levantados. *Osadía*, porque será necesario enfrentar privilegios históricamente acumulados y sedimentados en patrimonios, divisas, títulos académicos y eclesiásticos, estructuras sociales y culturales de dominación. *Creatividad*, para no repetir simplemente el pasado, sea este correcto o no, de tal manera que podamos abrirnos a lo nuevo y a la búsqueda de nuevas formas de hacer y ser en el mundo. *Responsabilidad*, porque el pasado, con sus estructuras y tradiciones, no debe ser simplemente abandonado o sustituido. Llegamos hasta hoy por medio de él y es parte de nuestra identidad. No se trata de des-construir, sino de posibilitar construcciones más adecuadas a las exigencias máximas del seguimiento de Jesús, que nos interpela a salir de la posición cómoda en que nos encontramos en nuestros intramuros.

Teológicamente sería muestra de una verdadera conversión romper con nuestros absolutos y nuestros muros para seguir por el "Camino". Hay que liberarse para seguir adelante y no ceder a la tentación de quedarse cuando se necesita caminar. O la gente se libera de este síndrome intramuros y recupera el profetismo en la iglesia sobre ella misma primero, o nuestras propuestas, instituciones y vida cristiana estarán en la profundidad impregnadas por la corrupción que mata silenciosamente. Tener a Nehemías con nosotros para liderar y hacer obras no es suficiente. Nuestra crisis más urgente no está en fabricarnos cosas, sino en deshacernos de algunas de ellas. Somos desafiados a vivir la ciudadanía plena del Reino para el cual fuimos llamados a participar y heredar. Debemos buscar la salvación de Jesucristo, que nos ayudará en el proceso de descentralización de nuestro yo, y dejar espacio para efectivamente, sí, entronizar a Cristo y su Reino de justicia, amor y paz, como modelo de vida personal, como parámetro para una sociedad más justa e incorruptible en sus relaciones.